「お寺」で読み解く日本史の謎

河合 敦

PHP文庫

○本表紙図柄＝ロゼッタ・ストーン（大英博物館蔵）
○本表紙デザイン＋紋章＝上田晃郷

はじめに

日本国内にはなんと、約七万五千ものお寺が存在するといわれている。さすがにこれだけ多いと、日常の風景に完全に溶け込んでしまっていて、よほどの大寺院でないかぎり、街を歩いていても注意が向くことはないだろう。

おそらくみなさんも、お盆やお彼岸《ひがん》、大晦日《おおみそか》や正月など、特別なとき以外はお寺の境内《けいだい》に足を踏み入れることはないと思う。でも、大きな悩みを抱《かか》えていたり、人生の岐路《きろ》に立たされたとき、思わず見知らぬ寺に入って両手をあわせ、仏に救いを求めたことのある人は多いはずだ。

普段はまったく目に入らなくても、苦しみや迷いがあると、不思議と視界に飛び込んでくる、それが、お寺というものなのだろう。お寺の門はいつも開かれていて、昔から私たち日本人を煩悩《ぼんのう》や苦悩から救ってきた。

本書では、この日本人の心の拠《よ》り所ともいえるお寺から日本史を読み解いていこうと思っている。

日本に朝鮮半島から仏教が伝わったのは、六世紀前半の五三八年のこととされる。それからわずか半世紀で、権力者も仏教を崇拝《すうはい》するようになり、飛鳥寺《あすかでら》、四天王寺《してんのうじ》、法隆寺《ほうりゅうじ》など、続々と巨大なお寺が建てられた。

そして奈良時代、仏教は日本の国教となり、平安時代にはさらに飛躍的に発展していったのである。そうしたなかで、東大寺《とうだいじ》、興福寺《こうふくじ》、延暦寺《えんりゃくじ》、清水寺《きよみずでら》など、有名な寺院が次々と誕生していった。

こうした大寺院は、たびたび日本の歴史を大きく動かしてきたのである。とくに比叡山《ひえいざん》延暦寺と奈良の興福寺は平安貴族たちの信仰を集め、院政期になると、絶大な力を持つようになった。両寺の僧兵《そうへい》たちは朝廷にたびたび強訴《ごうそ》をおこない、仏罰《ぶつばち》を恐れる為政者《いせいしゃ》たちに自分たちの要求を受け入れさせてきた。

そんな強訴に対抗できる唯一《ゆいいつ》の階層、それが武士であった。人を殺傷するのが宿命ゆえ、武士は僧兵に対抗することが可能だったのだ。結果、僧兵の横暴《おうぼう》が武士の台頭を招き、さらに武士政権の誕生を促《うなが》すことになったともいえるのである。

だが、室町時代に膨張《ぼうちょう》した浄土真宗本願寺派《じょうどしんしゅうほんがんじ》は、各地に本願寺を中心とする寺内町《じないちょう》（自治都市）をもうけ、武士の支配を拒《こば》んで一向一揆《いっこういっき》を起こし、ときには加賀《かが》国のように門徒《もんと》たちの国を創り上げることもあった。

こうした寺院勢力と真正面から衝突したのが、天下布武《てんかふぶ》をかかげた戦国時代の革命児・織田信長であった。

信長は仏罰を恐れず、王城鎮護《おうじょうちんご》の霊場《れいじょう》とあがめられた比叡山を焼き打ちにして多くの僧侶を殺戮《さつりく》し、さらに各地の一向一揆を皆殺しという手段をもって鎮圧したのだった。

そんな強大な武士政権に、石山《いしやま》本願寺は十年ものあいだ抗《あらが》い続け、ついに和睦《わぼく》というかたちで信仰の自由を勝ち取った。けれど、それと引き換えに、政治権力は信長に移譲《いじょう》せざるを得なかった。

ただ、近世になっても、寺院はアジール（避難所）としての機能を保ち続けた。境内に逃げ込んだとたん、俗世界との関係は断たれ、その罪も消えた。だから高野山《こうやさん》などには、武将をはじめ多くの人びとが避難してきた。また、鎌倉の東慶寺《とうけいじ》は、夫の暴力などに苦しむ妻たちのアジールとなり、多くの女性を救済してきたのだった。

江戸幕府は、キリシタン対策もあって、すべての人びとを檀家《だんか》としてお寺に所属させた。この寺請《てらうけ》制度が寺院をして葬式仏教に転落させたという見方もできるが、日本人にとってお寺がより身近な存在になったのは確かだろう。

しかも、お寺は人びとに娯楽を提供するようになった。寺の修繕費や再建費を稼ぐ目的ではあるが、縁日に出店《でみせ》が並び、富《とみ》くじがおこなわれ、出開帳《でがいちょう》や勧《かん》進相撲《じんずもう》などが開かれた。

ただ、お参りに来る既婚女性や未亡人にイケメンの坊さんをあてがうなど、現代でいうホストクラブのようなサービスをおこなう寺もあり、目に余る場合は摘発《てきはつ》を受けることもあった。

いっぽうでお寺は、檀家に仏教説話や道徳を説《と》いたり、近所の子供たちに読み書きを教えるなど、人びとの教育をになう施設でもあった。

本書は、最澄《さいちょう》や空海《くうかい》、一休《いっきゅう》や沢庵《たくあん》といった名僧だけでなく、聖徳太子《しょうとくたいし》、平清盛、源頼朝、織田信長、豊臣秀吉、徳川家康といった時の権力者たちとの関係にもスポットをあて、お寺から日本史を読み解いた本である。
きっと一読すれば、お寺と日本史の深い関係、偉人とお寺の意外なつながりに新鮮な驚きを感じていただけるだろう。『「お寺」で読み解く日本史の謎』、ぜひ最後までご堪能《たんのう》いただきたい。

二〇一七年一月

河合　敦

#「お寺」で読み解く日本史の謎◎目次

はじめに

第一章 五重塔の心柱、救世観音……法隆寺と聖徳太子の謎

正岡子規が詠んだ「鐘」は、法隆寺ではない!? 24
なぜ五重塔の心柱だけが古いのか? 26
法隆寺の七不思議と救世観音 31

第二章 太子信仰はなぜ、四天王寺から広まったのか

蘇我氏と物部氏の戦争の実態とは? 38

聖徳太子が残した⁉『四天王寺縁起』の衝撃 44
「未来記」、そして太子信仰が後世に残したもの 49

第三章

聖武天皇はなぜ、東大寺に未曽有の大仏をつくったか

聖武天皇はなぜ、各地を転々としたのか？ 56
大仏はいかにして造立されたのか？ 60
コラム1 百メートルのツインタワーが存在した？ 驚くべき古代建築…… 63

第四章

延暦寺はいかにして、仏教界の最高峰となったか

桓武天皇が最澄を抜擢したのは怨霊のため？ 68

最澄と空海はなぜ決別したのか？ 75
最澄の遺志を継いだ僧とは 80
唐で違法滞在をした末に…… 85
コラム2 清水寺創建にまつわる、征夷大将軍の不思議な体験… 92

第五章

今も生きている!? 高野山を開いた空海にまつわる謎

なぜ、空海は高野山を選んだのか？ 98
伝説に彩られた空海の前半生 102
唐でいかなる修行をしたのか？ 105
密教が流行した理由と、空海が残したもの 109
藤原道長も平清盛も、空海と対面した？ 113

第六章 平清盛はなぜ、蓮華王院本堂（三十三間堂）創建を支援したか
後白河法皇が清盛を頼りにした理由 118
後白河法皇を宋人に会わせた清盛の思惑 121
第七章 なぜ興福寺は強訴し、なぜ南都焼き打ちが起きたのか
強訴と武士の関係とは？ 126
清盛の福原遷都の陰に、寺院の連携が…… 132
平重衡の知られざる実像 138
明治維新での興福寺の見事な動き 142

第八章

焼け落ちた東大寺は、いかにして再建されたか

再建の責任者となった重源 148
なぜ、西行は奥州藤原氏のもとに派遣されたのか？ 154
東大寺に莫大な寄進をした源頼朝の思惑 159
コラム3 中尊寺金色堂に眠る奥州藤原氏四代の亡骸の謎… 162

第九章

高徳院の鎌倉大仏はなぜ、露坐しているのか

なぜ鎌倉に大仏がつくられたのか？ 166
大仏は木造か、金銅か？ 168

大仏殿は三回建て直された⁉　171
コラム4　足利尊氏が天龍寺を創建した意外な理由とは？……175

第十章　一休、沢庵……なぜ、大徳寺は異形の僧を輩出したか

とんちの一休さんは破戒僧だった⁉　180
千利休失脚は本当に大徳寺山門が原因か？　186
幕府に楯ついた沢庵はどうなったのか？　191
コラム5　銀閣には金閣同様、箔が貼られていたか、いなかったか？……198

第十一章　延暦寺はなぜ、清盛と信長に怖れられたか

清盛のトラウマとなった事件とは？　202
なぜ、後白河と清盛の溝は深まったのか？　205
信長はなぜ、比叡山を焼き討ちしたのか？　210

第十二章　石山本願寺はなぜ、織田信長に対抗できたか

なぜ、蓮如は信者を爆発的に増やせたのか？　218
顕如と信長の、虚々実々の駆け引き　222
なぜ本願寺は和睦し、東西に分裂したのか？　228

コラム6 なぜ、織田信長は殺されたとき本能寺にいたのか？…… 231

第十三章 なぜ高野山は信長と戦い、降伏後に秀吉の支援を得られたか

武士にとっての高野山とは？ 236
信長が高野山を攻めた理由とは？ 241
木食応其はいかにして窮地の高野山を救ったのか？ 245

第十四章 東大寺を超える大仏殿が⁉ 豊臣家にとっての方広寺とは

秀吉が大仏造立に秘めた思い 250
方広寺の再々建。そのとき、家康は…… 254

大坂の陣後の、方広寺の運命は　257
コラム7　戦国時代に数奇な運命を辿った、善光寺の本尊…　261

第十五章　大奥をまきこむスキャンダル！延命院事件はなぜ起きたか

僧侶の女犯はいかに処罰されたのか？　266
不義密通をするとどうなるのか？　269
囮捜査から浮かび上がった延命院の実態　272

第十六章　徳川将軍家の菩提寺・寛永寺の創建にこめた天海の構想とは

「東叡山」の山号が意味するものとは？　280

天海のさまざまな狙い　284
なぜ菩提寺となり、上野戦争の舞台となったのか？　288
コラム8　鼠小僧次郎吉の墓で有名な回向院、その繁栄の意外な理由…　291

第十七章　大名も改易⁉ 豊臣秀頼の娘は、東慶寺でいかに女性を救ったか

江戸時代の離婚事情とは？　296
会津・加藤家の改易は、豊臣秀頼の娘が……　299
縁切り寺へ駆け込むと、何が起こるのか？　302

第十八章
成田山新勝寺の名を高めた、歌舞伎役者の数奇な生涯とは
創建のきっかけは、平将門の乱？ 308
市川団十郎を人気者に押し上げた斬新さとは？ 313
新勝寺を有名にした驚きのアイデア 318
父の殺害者と対面した二代目・団十郎は…… 322
コラム9 吉良の首を持った赤穂浪士を、泉岳寺はどう応対したか？…… 327
第十九章
大奥女中の不貞が原因⁉ 感応寺が廃絶された真相とは
「話してはいけない」といわれた大奥の中 332

将軍の寵姫のお願い⁉ 感応寺の創建 337
巷説と史実の食い違い 339
コラム10 新選組と関わりの深い寺院と、驚きの顚末… 346

第二十章 皇室の菩提寺・泉涌寺で、天皇はどのように葬送されたか

四条天皇の前世は、泉涌寺の創建者だった⁉ 350
後光厳上皇時代に広まった奇跡的な話 353
土葬か、火葬か、はたまた…… 356

参考文献 361

本文デザイン◎印牧真和

第一章

五重塔の心柱、救世観音……法隆寺と聖徳太子の謎

正岡子規が詠んだ「鐘」は、法隆寺ではない!?

「柿食へば　鐘が鳴るなり　法隆寺《ほうりゅうじ》」

法隆寺と聞くと、この句を思い出す人も多いだろう。

明治時代に革新的な俳句や短歌を詠《よ》んだ正岡子規《まさおかしき》の句だ。しかし、この句に出てくる鐘の音が、法隆寺のそれではないことは意外に知られていない。じつは、前日に子規が宿泊した旅館で聞いた東大寺《とうだいじ》の鐘の音なのだという。その音がどうしたわけか法隆寺近くの柿が実る風景と重なり、この句がわき出てきたのだといわれている。

正岡子規は、明治二十八年（一八九五）四月に日清戦争の従軍記者として渡海している。自ら強く希望したのだ。遼東《リャオトン》半島の戦場跡をめぐりつつ、途中で第二軍の軍医部長をしていた作家の森鷗外《もりおうがい》とも会って俳句をやりとりして帰途についた。だが、帰りの船中で持病の結核が悪化し、喀血《かっけつ》を繰り返して帰国後そのまま神戸病院へかつぎこまれてしまう。一時は生命も危うくなったというが、須磨《すま》の保養院をへて故郷・伊予松山《いよまつやま》で療養生活に入ることになった。

松山には、ちょうど中学校の英語教師をしている親友の夏目漱石《なつめそうせき》がいた。そこで子規は漱石の下宿先に転がり込み、多くの仲間を集めては俳句や漢詩をつくるようになり、このメンバーが中核になって俳句雑誌『ほとゝぎす』が誕生する。のちに弟子《でし》の高浜虚子《たかはまきよし》が雑誌を引き継ぐが、そこに漱石がストレス発散のために書き下ろした小説が『吾輩は猫である』だったのである。

ともあれ、漱石の松山中学校から熊本への転勤が決まり、子規との同居は五十日余で終わりを告げ、子規も東京に戻ることになった。ところが子規には金がなく、漱石から十円を借りて、帰途に奈良で三泊ほど遊んだのだ。

この「柿食えば」の句をひねり出した頃から、子規は腰痛に苦しむようになり、病院に行くと脊椎《せきつい》カリエスだと判明する。結核菌が脊椎に入り骨を腐らせていく病《やまい》だ。背中に穴があき、膿《うみ》が出て、耐え難い激痛にさいなまれる。医師から病名を宣告されたとき、子規は五秒ほど返答が遅れるほどショックを受けたという。実際、痛みのために子規は翌年（二十九歳）から起き上がることができなくなり、死ぬまでの数年間は六畳間の蒲団《ふとん》のなかで生活をした。

つまり、この奈良の旅が子規の最後の旅となったわけだ。

大正五年（一九一六）九月十四日、子規の知人や弟子たちによって法隆寺境内の茶屋跡に先の句を刻んだ碑が建てられ、「子規忌句会《きくかい》」がおこなわれた。この会は現在も続いている。

なぜ五重塔の心柱だけが古いのか？

さて、その法隆寺だが、近代以降の調査によってさまざまな謎が浮かび上がり、それは聖徳太子《しょうとくたいし》の人物像を考えるうえでも、重要な要素となっている。

法隆寺は、用明《ようめい》天皇が自分の病気の平癒《へいゆ》を願って仏像をつくることを発願《ほつがん》し、その死後、推古《すいこ》天皇と聖徳太子が用明天皇の遺志を継いで、推古十五年（六〇七）に創建したと伝えられる。

聖徳太子といえば、推古天皇の皇太子で、摂政《せっしょう》として冠位十二階や憲法十七条を制定し、遣隋使《けんずいし》を派遣して隋と対等外交を展開したといわれてきたし、学校でそう習ってきた方も多いだろう。また、三十年前までは一万円札や五千円札の肖像に用いられており、お金の代名詞ともなっていた。

ところが二十年近く前から、聖徳太子の業績に疑問を投げかける学者たちが現れ、「聖徳太子はいなかった」といった類《たぐい》の書籍も次々と出版されるようになった。

もちろん、聖徳太子が存在しなかったというのは言い過ぎである。太子のモデルになる「厩戸王《うまやとおう》（皇子）」という人物は実在していた。ただ、まだ二十代の若者で政治を主導するのは無理であり、百年以上後に成立した『日本書紀』が太子の業績をねつ造したか、同時代の蘇我馬子《そがのうまこ》の実績を太子に移したのだろうと考えられるようになったのである。このため、いまの高校日本史の教科書には、聖徳太子を厩戸王と記し、皇太子や摂政であることを記さない本も少なくない。

ただ、聖徳太子が創建に関わったかどうかはわからないが、約百年後の奈良時代には、法隆寺は太子を祀《まつ》る寺院として人びとから広く認知されている。

周知のように法隆寺は、現存する世界最古の木造建築群を有する。ただし、現在の建物は再建されたものである。

ただ、それが判明したのは昭和になってからのことだった。

『日本書紀』のなかに六七〇年に法隆寺が焼失したという記録があり、歴史学者の喜田貞吉《きたさだきち》は、現在の法隆寺はそれ以後の再建だと主張した。しかし建築史家の関野貞《せきのただし》は、法隆寺の主な建物が高麗尺《こまじゃく》という飛鳥《あすか》時代の尺法で建造されているし、火災の痕跡が境内《けいだい》にないので創建当時の建物だと唱《とな》えた。

論争に決着がついたのは、昭和十四年（一九三九）のこと。法隆寺西院《さいいん》境内の東南隅を発掘したところ、現在の伽藍《がらん》よりも古い金堂《こんどう》と五重塔跡が出土したのだ。発掘地域を昔から若草《わかくさ》と称していたので、これを若草伽藍と呼ぶが、伽藍跡の発見により再建だったことが決定的となった。

これは大変有名な論争なので、歴史教科書にも以下のように明記されている。

「670年に法隆寺が焼失したという記事が『日本書紀』にあり、明治になってから、再建か非再建かをめぐる論争がおこった。その後、最初の法隆寺の建物とみられる若草伽藍跡がみつかったことから、法隆寺は焼失し、その後、金堂や五重塔などがととのえられ、現在の姿になったと考えられている」（『日本

史B』三省堂　2013年）

「若草伽藍跡の発掘を契機として、推古朝に建立《こんりゅう》された法隆寺は670年に焼失し、現在の法隆寺は、そののち七世紀末ないし八世紀はじめに再建されたと考えられるようになった」（『日本史B』実教出版　2014年）

だが、二〇〇一年二月、法隆寺の五重塔を調査していた奈良文化財研究所が、極めてミステリアスな結果を発表したのだ。五重塔の心柱《しんばしら》を年輪年代測定法を用いて計測したところ、五九四年に伐採された木材だと判明したのである。

これは驚くべき結果だといってよい。というのも、今述べたように現在の五重塔は六七〇年以降に再建されたもの。なのに心柱は五九四年の伐採。つまり、再建するさいに八十年近く前に切り出した木材をわざわざ心柱に使用したということになるからである。そんなことをする必要があるのだろうか。極めて不自然だ。

では、発想を変えてみよう。六七〇年に法隆寺の伽藍は焼失してしまったけど、五重塔だけは奇跡的に焼け残ったという可能性だ。

だが、この仮説は二〇〇四年に奈良文化財研究所が完全に否定した。同研究所の光谷拓実《みつたにたくみ》・古環境研究室長が、法隆寺の収蔵庫に残されている古材の年代を精密に分析するとともに、法隆寺金堂や五重塔の屋根裏に入って年輪のわかる建築部材を千百万画素という高画質のデジタルカメラで撮影。これを分析した結果、六二四年から六六三年頃に伐採された木材であることが判明したのである。

つまり心柱以外の五重塔の部材は、再建時とそれほど時期が離れていないものが用いられていたのである。心柱だけが、なぜか極端に古いのだ。

これに関して東京国立博物館の松浦正昭《まつうらまさあき》上席研究員は、「創建当初に聖徳太子が建てた刹柱と呼ばれる飾りのついた柱を、寺の象徴として五重塔に転用したのではないか」（『読売新聞』二〇〇四年七月十六日朝刊）と述べている。

古来より日本には柱信仰があり、この時期にも大きな柱を立てる風習があったため、法隆寺に直立していた巨大な柱を五重塔に転用したというのだ。

また、早稲田大学の大橋一章《おおはしかつあき》教授は、百済《くだら》の造寺工（寺をつくる宮大工のような職人）が五七七年に来日し、彼らが日本人の見習い工に寺院建築の技術を教えた。そして五九六年に日本最古の飛鳥寺が建立されるが、そのさい大量に伐採した檜《ひのき》が使用されずに保存されており、それを法隆寺再建時、五重塔の心柱に用いたのではないかと唱えている。

いずれにせよ、何ともミステリアスな話である。

法隆寺の七不思議と救世観音

法隆寺には、さらに奇妙な話が昔から伝わっている。

七不思議といって、「建物に蜘蛛《くも》の巣が張らない」「地面に雨だれの穴が開かない」「境内の地下に三つの蔵（伏蔵《ふくぞう》）がある」「因可池《よるかのいけ》に片目のカエルがいる」といった伝承が存在するのだ。五重塔も七不思議の一つになっていて、「なぜか相輪《そうりん》（てっぺんの金属の飾り）に四本の大きな鎌が置かれている」のだそうだ。

実際によく見てみると、確かに九つの輪っかの下のほうに鎌が見える。伝承によれば、豊作の年には上のほうへ鎌が勝手に上っていき、凶作の年には下がっていくのだという。もちろんそんなことは現実にはないだろうが、法隆寺以外に鎌が塔の上部に置かれている例は聞いたことがない。

ただ、法隆寺の高僧で歴史学者でもある高田良信《たかだりようしん》氏は、法隆寺の献納宝物のなかに奈良時代の大鎌があるので、その頃から相輪に鎌を置いていたと考え、魔物である雷から塔を守るため、刃物（鎌）を塔の頂上に置いた可能性を指摘している。

このように奇妙な伝承に事欠かない法隆寺だが、夢殿《ゆめどの》に安置されている救世《ぐぜ》観音《かんのん》もなんとも不思議な存在である。この観音様は、聖徳太子が生きているときにその姿をうつした等身像だと伝えられている。

法隆寺にはじつはもう一つ、聖徳太子在世中の姿をかたどった有名な飛鳥時代の仏像がある。金堂の本尊《ほんぞん》である釈迦如来《しやかにょらい》像だ。薬王《やくおう》菩薩と薬上《やくじよう》菩薩を従えているので、あわせて「釈迦三尊像」と呼ぶ。飛鳥文化の代表的な彫刻だから、学校で習った人も多いだろう。

私が不思議だというのは、一つの寺に太子在世中の姿を刻んだ仏像が二つ存在することではない。

むしろ、存在して当然なのだ。なぜなら夢殿は、法隆寺とは別の寺院だったからである。

そう聞いて意外に思うかもしれないが、法隆寺の境内は、金堂や五重塔がある西院伽藍と、夢殿を中心とする東院《とういん》伽藍に分かれているが、もともと東院伽藍は、法隆寺とは全く異なる「上宮王院《じょうぐうおういん》」という寺院だったのだ。

上宮とは、聖徳太子のことである。かつてこの場所には、太子が住む斑鳩宮《いかるがのみや》があったという。太子の息子・山背大兄王《やましろのおおえのおう》が蘇我氏に滅ぼされた後、斑鳩宮跡が荒廃しているのを悲しんで、聖武《しょうむ》天皇の皇太子・阿倍内親王《あべないしんのう》（のちの孝謙《こうけん》天皇）が奈良時代の天平《てんぴょう》十一年（七三九）に創建させたと伝えられている。

つまり、夢殿を中核とする法隆寺の東院伽藍は、聖徳太子とその一族を供養《くよう》するためにつくられた法隆寺とは別の寺だったわけだ。

不思議だというのは、明治十年代まで夢殿の救世観音像が白い布でぐるぐる巻きにされ、一切、人目に触れさせなかったことである。いつから布で姿を隠したかは不明だが、このような措置をほどこした理由が全くわからないのだ。観音は夢殿の厨子《ずし》内に安置され、頑丈な鍵もかけられているわけだから、わざわざ仏像本体に布を巻き付ける必要はないはず。

その理由として、観音の霊威を恐れたという説がある。

鎌倉時代の嘉禄《かろく》三年（一二二七）、救世観音の模造彫刻をつくったさい、完成するとすぐに製作した仏師が亡くなったという記録がある。また、明治十七年（一八八四）前後にフェノロサとその弟子・岡倉天心《おかくらてんしん》がおおわれている布の除去を求めたとき、法隆寺の僧侶たちは「厨子にかかる鍵を開けると、必ず雷鳴が轟《とどろ》くだろう。明治初年にも布を取り去ろうとしたことがあったが、天がかき曇り、雷が激しくなったので中断したのだ」と言って大いに恐れたという話が残る。

では、いったいいつから布を巻き付けるようになったのか。

すくなくとも天保《てんぽう》七年（一八三六）の『斑鳩古寺便覧』には、昔から秘仏として白布で巻いていたという記録があり、先の高田良信氏は、断定を避けながらも、「元禄《げんろく》九年（一六九六）に仏像を修理して以後、布を巻いて秘仏となったのではないか」と推測している。

いずれにせよ、フェノロサと岡倉天心らは、長年巻き付けられた布を取り除く瞬間に立ち会った。

二人の回想によれば、長年使用されていなかった厨子が開くと、厨子内からは驚いた蛇や鼠が飛び出してきたという。蜘蛛の巣を払い室町時代のものとおぼしき几帳《きちょう》をどけると、奥にホコリが堆積した木綿で巻かれた大きな物体が見えた。

そのとき、すさまじい量のホコリが臭気とともに飛散し、ほとんど耐えがたい状況になったそうだ。苦労して長い布を取り除くと、中から金箔が美しく残る木像が現れたのである。救世観音が数百年ぶりに人びとの前に姿を現した歴史的な瞬間であった。

この救世観音のほかに、まだまだ法隆寺にはすばらしい建築物や仏像、秘宝の数々が存在する。千数百年の時を経て、このような保存状態を保っているのは奇跡に近いといえる。地理的な理由もあるだろうが、やはり日本人の、法隆寺を大切な寺院として守っていこうという強い意志がそこにあったからこそだろう。

第二章

太子信仰はなぜ、四天王寺から広まったのか

蘇我氏と物部氏の戦争の実態とは？

四天王寺《してんのうじ》といえば、中門・五重塔・金堂《こんどう》・講堂が一直線に並ぶ伽藍《がらん》配置がよく知られており、大学の入試にも「四天王寺式」として出題されることもある。

そんな四天王寺を創建したのが、聖徳太子《しようとくたいし》である。そして、太子信仰の広まりにも、じつはこの寺が深く関係しているので、その背景に迫ってみたい。

多くの伝説に彩られた聖徳太子だが、四天王寺をつくることになったエピソードは『日本書紀』に載っている。それは、五八七年に勃発《ぼっぱつ》した蘇我馬子《そがのうまこ》と物部守屋《もののべのもりや》との戦争が契機であったという。

このとき聖徳太子はまだ十四歳だったが、蘇我馬子に味方し、物部軍に苦戦する蘇我軍を勝利に導くという大功を立てた。太子が実戦に参加したのはこれが最初で最後だったが、この戦いが、彼を政治の表舞台へ押し上げたといわれている。

四天王寺（『なには百景の内 四天王寺東門』、国立国会図書館所蔵）

蘇我氏は河内《かわち》（異説あり）の小豪族だったが、経済官僚として大和《やまと》政権で頭角を現しはじめ、三蔵《さんぞう》の管理や出納《すいとう》など、国家の財政を一任されるようになる。そして馬子の父・稲目《いなめ》が、娘二人を欽明《きんめい》天皇に輿入《こしい》れさせ、外戚《がいせき》となって大臣《おおおみ》の地位に就いたことから宮廷内での発言力を強め、大連《おおむらじ》の物部氏と肩を並べるほどになった。

対して物部氏のほうは、天皇の専制君主化を大いに助け、六世紀以降、朝廷の軍事・警察部門を掌握し、経済力においても他の豪族を圧倒する最大氏族であった。

この二大豪族の衝突は仏教の礼拝を

めぐって起こったといわれる。蘇我氏が崇仏《すうぶつ》派で、物部氏が排仏《はいぶつ》派だ。しかし、排仏派といわれた物部氏の屋敷跡から寺院遺構が発見され、仏教を崇拝《すうはい》していた事実が明らかとなっている。やはり、政治の主導権をめぐる抗争が武力衝突に発展したと考えてよいだろう。

五八七年四月、疱瘡《ほうそう》（天然痘）にかかった用明《ようめい》天皇（聖徳太子の父）が死の床で「朕《われ》、三宝《さんぼう》（仏教）に帰《よ》らむと思ふ。卿等《いましたち》、議《はか》れ」（坂本太郎ら校注『日本書紀』岩波文庫）と仏に帰依《きえ》したい旨《むね》を述べた。それまで仏教に対し中立を守ってきた天皇が、最後に崇仏に傾いたことで馬子は勢いを得た。このとき物部守屋《もりや》は驚いて「何ぞ国神《くにつかみ》を背《そむ》きて、他神《あたしかみ》（仏）を敬《いや》びむ。由来《もとより》、斯《か》くの若《ごと》き事を識《し》らず」（『同』）と叫んだという。

しかし馬子は「詔に随《したが》ひて助け奉《まつ》るべし。詎《たれ》か異《け》なる計《はかりこと》を生《な》さむ」（『同』）と淡々と答えた。天皇の言葉は絶対なのだから、異議をはさむなと言うのだ。諸豪族はこれを契機に蘇我氏につき、守屋は宮廷内で孤立してしまう。ここにおいて馬子は、諸皇子や群臣を集めて緊急会議を開き、物部氏の討伐を決定した。

ただちに蘇我氏を中心とする連合軍が結成されて磐余《いわよ》に結集し、出陣の用意が調《ととの》うと、二軍に分かれて進発。物部氏の本拠地へと押し寄せた。

このとき聖徳太子は、泊瀬部皇子《はつせべのみこ》、竹田《たけだの》皇子、難波《なにわの》皇子、春日《かすがの》皇子ら諸皇子、紀男麻呂《きのおまろ》、巨勢臣比良夫《こせのおみひらぶ》、膳臣賀拕夫《かしわでのおみかたぶ》、葛城臣烏那羅《かつらぎのおみおなら》ら群臣とともに、馬子のいる第一軍に従った。第二軍は、大伴連嚙《おおとものむらじくい》率いる大伴勢を主力とする部隊で、阿倍臣人《あべのおみひと》、坂本臣糠手《さかもとのおみあらて》、春日臣《かすがのおみ》らがこれに加わった。

対して物部氏の軍は子弟《やから》と奴軍《やつこいくさ》からなる私兵だけであったが、軍事氏族だけにすさまじい抵抗を示した。

「稲城《いなき》を築《つ》きて戦ふ。是《ここ》に、大連（物部守屋）、衣揩《きぬすり》の朴《えのき》（榎）の枝間《また》に昇りて、臨み射ること雨の如《ごと》し。其《そ》の軍《いくさ》、強《こわ》く盛《さかり》にして、家に塡《み》ち野に溢《あふ》れたり。皇子等《たち》の軍と群臣《まえつきみたち》の衆《いくさ》と、怯弱《よわ》くして恐怖《おそ》りて、三廻《みたび》却還《しりぞ》く」（『日本書紀』）

このように守屋は、稲城にそびえ立つ榎に上り、矢を雨のように射かけて三度も連合軍を退却させたのである。

一族の存亡をかけた物部氏に対し、連合軍に参加した豪族たちは、蘇我氏に与《くみ》したとはいえ、物部氏に強い敵愾心《てきがいしん》を抱いているわけではなかった。保身のため仕方なく参加した者もあったはず。士気の差は如何《いかん》ともしがたく、物部氏の猛烈な反撃に連合軍は苦戦を強《し》いられ、瓦解《がかい》しかねない状況となった。

この危機を救ったのが、聖徳太子だった。太子は軍の後方に従っていたが、戦況の悪化を察し、にわかに白膠木《ぬりで》（霊木とされる）を刻んで四天王像をつくり、それを頂髪《たきふさ》に置いて「『今若《も》し我をして敵に勝《あた》たしめたまはば、必ず護世《ごせ》四王《しおう》の奉為《みため》に、寺塔《てら》を起立《た》てむ』とのたまふ」（『日本書紀』）と仏に誓願したのである。

太子は仏像を刻んで仏に勝利を祈願することで、戦争が蘇我と物部の権力争いではないことを定義づけた。つまり連合軍は「蘇我氏のためではなく、仏のために戦っているのだ」という大義名分を得たわけだ。正義の軍ということで、兵たちの士気は高まり、形勢は逆転した。少年だったにもかかわらず、太子は人びとの心理をうまく操作して奮起させる術《すべ》を心得ていたといえよう。

連合軍の四度目の攻撃が開始された。意気のあがる連合軍におされて、物部軍が次第にたじたじとなり、ついに守屋は最期《さいご》の時を迎える。

「ここに迹見首赤檮《とみのおびといちい》有りて、大連を枝《え》の下《もと》に射堕《いおと》して、大連あわせて其の子

物部守屋の墓（写真提供：アマナイメージズ）

等《ども》を誅《ころ》す。これによりて、大連の軍《いくさ》、たちまちに自《おの》づからに敗れぬ」（『日本書紀』）

こうして乱戦さなか、守屋は迹見赤檮なる男に射られて壮絶な戦死を遂げてしまった。

ただ、不思議なのは、迹見赤檮がどのような立場にある者か『日本書紀』に明記されていないことだ。彦人《ひこひと》皇子の舎人《とねり》（家臣）とも、物部守屋の舎人とも、また聖徳太子の舎人ともいわれている。

守屋の死によって物部軍は総崩れとなり四散した。戦いに勝利した聖徳太子は、約束どおり寺院を建立《こんりゅう》した。それが、難波の四天王寺である。

四天王寺は「乱《みだれ》をしずめて後に、摂津国《つ》にして四天王寺をつくる。大連（守屋）の奴《やつこ》の半《なかば》と宅《いえ》とを分けて、大寺《おおでら》の奴・田荘《たどころ》とす」（『日本書紀』）とあるように、守屋の没収財産によってつくられたことがわかる。完成は五九三年のことだったとされる。

また太子は、守屋の本拠地であった渋河《しぶかわ》（渋川）の阿都《あと》（八尾《やお》市太子堂）にも大聖勝軍寺《だいせいしょうぐんじ》を建てた。その近くには守屋の墓が現存する。

聖徳太子が残した⁉『四天王寺縁起』の衝撃

このように聖徳太子と非常に関係の深い四天王寺だが、寛弘《かんこう》四年（一〇〇七）、慈運《じうん》という僧侶が金堂内から一書を発見した。のちに『四天王寺（御朱印）縁起《えんぎ》』と呼ばれる史料である。

それは、まさに驚くべきものであった。わずか十枚の紙でつくられた書物だが、五九五年に聖徳太子が認《したた》めた直筆であり、二十六におよぶ太子自身の手形が押されてあったのだ。私はテレビのロケで実物に接する機会があったが、太子の手形というものが朱色でくっきり残っており、なおかつ、意外に大きな手であったことに感銘を覚えた。

さらに、そこに書かれている内容も衝撃であった。重要な部分だけ一部要約しよう。

「この四天王寺のある場所は、かつて釈迦が説法をして人びとの迷いを解いた地である。だから私は、四天王寺を建立したのである。この寺の金堂と塔は、極楽浄土の東門の中心にあたる。そこで私は、塔の心柱《しんばしら》に仏舎利《ぶつしやり》と私の髪を納めた。また、金堂に安置されている救世観音像《ぐぜかんのんぞう》は、私が死んだ後、百済の王が私を恋慕してつくった像である。私は物部守屋を倒したが、その後もずっとあいつは転生をくり返し、私につきまとい、仏教を興隆しようというときに、必ずそれを邪魔するであろう」

じつは、聖徳太子は死後まもなくから伝説化しはじめ、七二〇年に成立した『日本書紀』にも聖人として描かれている。さらに十世紀に成立したと推定される『聖徳太子伝暦《でんりやく》』、そしてこの『四天王寺縁起』によって、太子は日本仏教の開祖であり、未来を予見できる超人であり、将来人びとを救う救世主であるという、太子信仰が確立していくことになったのである。

ただ、聖徳太子が書いたとされる『四天王寺縁起』は、完全な偽書《ぎしょ》である。それは、これまでの研究の成果により、疑う余地のない事実だ。

たとえば、研究者の榊原史子《さかきばらふみこ》氏は「『四天王寺縁起』は、四天王寺に対する信仰を高め、四天王寺を経済的に援助してくれる人びとを獲得するために、四天王寺僧によって作成されたのである」（『四天王寺縁起』の研究―聖徳太子の縁起とその周辺』（勉誠出版）と明言している。

とくに当時の四天王寺が期待したのは、摂関家、藤原道長の保護であった。だから寺側は「道長は聖徳太子の生まれ変わりである」という話を盛んに広めており、ついに治安《じあん》三年（一〇二三）、道長が自ら四天王寺に参詣《さんけい》するまでになった。さらにその跡継ぎの頼通《よりみち》も来訪し、院政期になっても白河《しらかわ》上皇や後鳥《ごと》羽《ば》上皇が四天王寺を訪れている。

こうした権力者と結びついて保護を受けなければ、寺院の財政はなかなか維持できないというのが当時の実態であった。とくに平安時代に入って京都に続々と新しい寺が誕生すると、四天王寺のような大寺院であっても寺の経営は楽ではなかった。

だから四天王寺は、比叡山延暦寺《ひえいざんえんりやくじ》と結びついて歴代の別当《べっとう》（トップ）を延暦寺から迎え、その末寺《まつじ》として活動している。これも生き残る道であった。

しかし、藤原道長と深い関係ができると、道長が重用《ちょうよう》していた園城寺《おんじようじ》（延暦寺と対立している大寺院）の僧・定基を別当に迎えている。さらに院政期になると、白河上皇の子・行慶《ぎょうけい》、鳥羽上皇の子・道恵《どうえ》など皇子たちを別当に迎えて寺の繁栄をはかっている。

ただ、四天王寺が招き寄せたのは、権力者や高貴な人びとだけではない。『四天王寺縁起』の発見以後、庶民も集まってくるようになった。『縁起』の文中に仏舎利や救世観音のことが記されていたから、それらを拝《おが》みたいと考えたのである。

が、それだけでない。さらに人びとを惹《ひ》きつけたのは「四天王寺の金堂と塔は、極楽浄土の東門の中心にあたる」という『縁起』の特異な言説であった。この時期から鎌倉時代にかけて、浄土教（南無阿弥陀仏を唱《とな》えると極楽往生《おうじょう》できるという教え）が爆発的に流行した。だから念仏を信じる者たちが、浄土の東門の中心にあたるという四天王寺に殺到するようになったのである。

こうして四天王寺に集まってくる人びとに対し、四天王寺側では絵解《えと》きをおこなった。四天王寺の絵堂《えどう》には、聖徳太子のありがたい生涯を描いた障子《しょうじ》絵があり、堂内で参拝者にこれを解説するのが絵解きであった。いつからそのような風習が成立したかはわからないが、一説には、奈良時代にはすでに絵解きがおこなわれていた可能性が指摘されている。

記録として最古のものは、左大臣の藤原頼長《よりなが》（保元《ほうげん》の乱で敗れ、悪左府《あくさふ》といわれた人物）の日記（『台記《たいき》』）である。康治《こうじ》二年（一一四三）十月二十二日の項に、頼長が父親とともに四天王寺の絵解きを見聞し、父の疑問点を絵解きする僧侶に頼長が問いただしたことが記されている。頼長はその後何度も四天王寺で絵解きをしてもらっているが、久安《きゅうあん》二年（一一四六）には鳥羽上皇とともに絵堂に入っている。

この四天王寺における絵解きは、現在でもおこなわれている。私もそれを体験したが、僧侶が棒を用いながら、太子の生涯を面白おかしく語ってくれる。

文字が読めない当時の庶民であっても、この絵を見ながら太子の生涯を知り、感銘したであろうことは想像にかたくない。絵解きは、太子信仰を広げるうえで相当な効果があったと考えられる。

「未来記」、そして太子信仰が後世に残したもの

『四天王寺縁起』の出現からおよそ五十年後の天喜《てんぎ》二年（一〇五四）、河内国磯長《しなが》の聖徳太子廟《びょう》（太子の墓所。現在の叡福寺《えいふくじ》境内）で地中から石の箱が出土し、箱を開けると瑪瑙《めのう》の石版が出てきた。石版には文字が刻まれていたが、それは聖徳太子が自ら刻んだ予言の書（『太子御記文《ごきぶん》』）であった。

発見にいたったのは夢のお告げであった。太子廟の僧侶がこの場所にお堂を建てようとしたところ、夢の中に貴人が現れ、「ここに堂を立ててはならぬ。別の場所にせよ」と言ったので取りやめ、その後、予定地を整地したところ石版が見つかったのだという。この事件は、四天王寺によって朝廷に報告された。そこで関白の藤原頼通は、その調査を四天王寺の別当・桓舜《かんしゅん》に命じたので

ある。

『太子御記文』には、磯長の聖徳太子廟を一度参拝すれば極楽往生できるだろうと記されてあった。もちろん、後世の者が聖徳太子に仮託して創り上げたものだろう。

この石版の発見については研究者の間で諸説あるものの、四天王寺によってこの出来事が報告され、その調査にも寺の別当があたっていることから、四天王寺が関与していた可能性が指摘されている。

太子廟と四天王寺は直線距離にして三十キロ足らず。当時の人びとなら十分一日で二カ所お参りできるだろう。つまり、四天王寺は近くに太子にまつわる話題の聖地をつくり上げることにより、太子信仰の強化をはかった可能性がある。あるいは、太子廟の関係者が四天王寺の人気にあやかろうと積極的に働きかけたのかもしれない。

なお、鎌倉時代の天福《てんぷく》元年（一二三三）、四天王寺から太子廟で発見されたものと同様の石版が出土した。さらにそれからも度々、四天王寺境内から太子に仮託された記文が発見されていく。いずれも将来の出来事が、とくに戦争が予言されているので、「未来記《みらいき》」と総称される。

なぜこのようなことが頻繁におこなわれるのか、それについて先の榊原史子氏はこう記している。

「四天王寺の僧たちは、『四天王寺縁起』の場合と同様に、人びとの関心を四天王寺に集めることを目的として「未来記」を作成したのであり、『明月記《めいげつき》』の記載からは、安貞《あんてい》元年に出現した「太子石御文」や天福元年頃出土の「記文」は、四天王寺において人びとに公開されたことが知られる。人びとが四天王寺に集まれば、寺院は活気を帯び、経済的にも潤ってくる。四天王寺はその伽藍を維持し、より繁栄させていくことが可能となる。すなわち、四天王寺を将来に至るまで維持していくために、四天王寺の僧侶たちによって、多くの「未来記」が提供されたのである。後世の四天王寺の僧侶たちは、『四天王寺縁起』を四天王寺に繁栄をもたらした書として認識していたのであろう。そして、その後も、人びとの関心を四天王寺に集めることを目的に、しばしば「未来記」を作成したのであり、寺運を上昇させる際に参照すべき規範の縁起として、『四天王寺縁起』を尊重し続けたのである」（前掲書）

このように四天王寺は、『四天王寺縁起』をはじめとする「未来記」によって繁栄した寺院であった。確かに「未来記」は寺の維持を目的として創作されたものだったが、これによって太子信仰が広まり、多くの人びとを救い、幸せをもたらしたのは事実である。

たとえば浄土真宗の開祖・親鸞《しんらん》は若い頃、煩悩《ぼんのう》に悩み抜いたすえ、四天王寺、さらに聖徳太子が創建したという京都の六角堂《ろつかく》に参籠《さんろう》し、聖徳太子から啓示を受けて妻帯したまま救われる道を見出《みいだ》したのである。

後醍醐《ごだいご》天皇も『四天王寺縁起』を見て感激し、自ら書写している。現物（後醍醐天皇宸翰本《しんかんぼん》）がいまも存在し、国宝に指定されている。

このほか、太子を信奉して歴史に名を残した偉人は少なくないのである。鎌倉時代に活躍した忍性《にんしよう》が奈良に北山十八間戸《きたやまじゆうはちけんこ》をつくって多くの病人を救ったことは、日本史の教科書にも登場する。こうした事業を忍性が展開したのは、じつは『四天王寺縁起』に記されている「四箇院《しかいん》の制」に感激したからである。

四箇院とは敬田院《きようでん》、施薬院《せやく》、療病院《りようびよう》、悲田院《ひでん》をさす。聖徳太子は、人びとを救うため、学問をする敬田院（四天王寺の伽藍）を建て、貧しい人びとに薬を施す施薬院、病気を癒《い》やす療病院、身寄りのない老人や病人を保護する悲田院をつくったという伝承である。

この伝承に触発されて忍性は、各地にそうした社会福祉施設をつくり、多くの人びとを救ったのである。

なお、忍性は永仁《えいにん》二年（一二九四）に四天王寺の別当に任じられており、このとき悲田院と敬田院を再興している。

聖徳太子（手前右）と六角堂
（『観音霊験記 西国巡礼拾八番山城京六角堂 聖徳太子』、国立国会図書館所蔵）

じつは現在の四天王寺は、その「四箇院の制」の精神をそのまま踏襲し、学校法人四天王寺学園、社会福祉法人四天王寺福祉事業団（病院や高齢者・障害者施設など）を運営し、いまも優秀な人材を多く育てるとともに、多くの人びとを病《やまい》や老いから救っているのである。

第三章

聖武天皇はなぜ、東大寺に未曽有の大仏をつくったか

聖武天皇はなぜ、各地を転々としたのか？

奈良の東大寺《とうだいじ》といえば、なんといっても、大仏の姿がすぐに思い浮かぶだろう。

大仏の正式な名称は盧舎那《るしゃな》大仏。高さ約十五メートルもあり、これをつくるのに約五百トンという大量の銅が使用され、鍍金《ときん》に用いられた金も六十キロに達する。

そんな巨大仏をつくり上げたのが聖武《しょうむ》天皇である。その造立《ぞうりゅう》までの経緯を辿《たど》っていくと、当時の日本をおおっていた社会不安や、仏教観が浮かび上がってくる。

聖武天皇は神亀《じんき》元年（七二四）、二十四歳のときに即位したが、同六年（七二九）に左大臣の長屋王《ながやおう》が謀反《むほん》の罪で自害。翌年、畿内で旱魃《かんばつ》が起こり、たびたび落雷が発生。さらに二年後に再び旱魃が襲い、天平六年（七三四）には大地震が起こった。

当時、「政治が良くないと自然災害が起こり、為政者は交代を余儀なくされる」という「讖緯《しんい》思想」が中国から伝わってきていたので、聖武天皇は己《おのれ》の不徳を悔い、大赦《たいしや》を実施したり、百姓に猪を放生させたり、諸社に祈願させるなどしたうえで、自分の不徳を詫《わ》びる詔《みことのり》まで出している。

しかし、その効果もなく、翌天平七年（七三五）には九州の大宰府《だざいふ》で悪い伝染病が発生。天平九年（七三七）には疫病《えきびよう》が西日本一帯に広がり、政治の主導者だった藤原武智麻呂《むちまろ》を筆頭とする藤原四兄弟も罹患《りかん》して全員が死んでしまった。さらに天平十二年（七四〇）、大宰少弐《しように》（九州大宰府の次官）である藤原広嗣《ひろつぐ》が反乱を起こしたのである。

聖武天皇はすぐさま平定軍を差し向けたが、その年の十月二十六日、急に平城京を離れて伊勢《いせ》国赤坂頓宮《あかさかのとんぐう》へ入り、伊勢湾の北岸を通って美濃《みの》国不破《ふわ》頓宮へ向かい、さらに横川《よかわ》、犬上、野州《やす》と琵琶湖の東岸を南下していった。そしてその後およそ五年間、奈良の都に戻らず、難波宮《なにわのみや》、恭仁京《くにきよう》、紫香楽宮《しがらきのみや》など各地を転々としていくことになった。精神的に不安定になったのではないかと考える学者も少なくない。

その最中の天平十五年（七四三）、聖武天皇は紫香楽の地に盧舎那大仏を造立することを発願《ほつがん》した。

聖武は自然災害や疫病、反乱の続発に思い悩んだすえ、仏教の力にすべてを委《ゆだ》ねることによって世の中を平安にしていくほかない、と判断したのだろう。当時は鎮護国家という考え方があった。仏教には、世の中を平和にする力があるという思想である。

じつはその二年前の同十三年（七四一）に、聖武天皇は国分寺《こくぶんじ》建立の詔を出している。「宜《よろ》しく天下の諸国をして、おのおの敬《つつ》しんで七重塔一区を造り」とあるように、諸国に七重塔を有する国分寺と国分尼寺《にじ》をつくることを命じたのだ。

同時に「金光明最勝王経《こんこうみょうさいしょうおうきょう》を写し、妙法蓮華経《みょうほうれんげきょう》を一部ずつ写経させよ。私は金字で金光明最勝王経を写し、各国の塔に納めさせるつもりだ」と述べ、「このような命令を出すのは、仏教の功徳《くどく》によって人間界の加護を祈るためである」とした。この頃、聖武天皇は自分のことを「三宝《さんぼう》（仏教）の奴《やっこ》（奴隷）として仕《つか》える天皇」と称している。

紫香楽宮跡にある金堂跡。
この地で大仏造立が始まったと考えられている

ともあれ天平十五年、聖武は鎮護国家の総仕上げとして紫香楽において大仏の造立事業をはじめたのである。

聖武は、「この世にあるすべての生き物を救うという大願を立て、盧舎那大仏をつくろうと思う。国内の銅を使って大仏をつくり、大山を削って大堂をつくるという大事業である。それゆえこの事業を広く伝えて、多くの人びとを自分の同志としたい。天下の富を持っているのは私である。天下の権力を握っているのも私である。この富と権力をもってすれば、大仏をつくることなど、たやすいこと。しかしながら、そんなやり方ではダメなのだ。多くの人びとの信仰心を結集してつくるのが大事なのである。そこで同志となる者は、一本の草でも一握りの土でも持って造仏に加わるがよい」と述べる。

このように聖武は、多くの人びとの力を結集して大仏をつくろうとしたのである。貴族だけではなく、一般庶民もこの事業に参加させることで、すべての民との連帯意識を強め、ひいては世の中を平和にしたいと考えたのだろう。

大仏はいかにして造立されたのか？

だが、これは聖武天皇が夢見た幻想に過ぎず、大事業が本格的に始動すると、当然その費用は膨大なものとなり、恭仁京の造営を実質的に中止せざるを得なくなった。天平十六年（七四四）になると、実質的に紫香楽宮が都のようになり、翌年には正式にこの地に遷都を宣言する。

ところが、同十七年（七四五）五月、官人に都をどこにするかのアンケートを実施。みなが奈良の平城京こそ都にふさわしいと答えると、五年ぶりに聖武は平城京に戻ったのである。このため大仏造立事業は、平城京で改めておこなわれることになった。

五百トンもの銅は主に長登《ながのぼり》銅山（山口県）の銅でまかなった。ただ、当時の日本では仏像のメッキに用いる金がほとんど採れなかったので、聖武は中国や朝鮮半島から調達する予定だった。そんな矢先、陸奥国《むつ》（東北地方）から金が出てきたという知らせが届いた。あまりの嬉しさに、聖武は元号をなんと「天平」から「天平感宝《かんぽう》」に改めている。

造仏事業に動員された人数は延べ二百六十万人以上といわれており、当時の人口が六百万人程度なので、驚くべきことに、人口の半数近くにおよぶ。造仏にあたっては、民間に仏教を普及し大きな力を持っていた行基《ぎょうき》の力も借りている。

ただ、大量の金は、水銀に溶かしてアマルガムと呼ぶペースト状にしたうえで大仏に塗るのだが、そのあと表面を焼いて水銀を蒸発させ、金を定着させる。この作業により労働者や住民の多くが大量の水銀を吸い込んで体を壊した可能性が高い。また事業は莫大な出費をともなうので、多くの人びとが困窮することになった。

天平感宝元年（七四九）、聖武天皇は娘の阿倍《あべ》内親王（孝謙《こうけん》天皇）に譲位したが、それからも造仏の見学にたびたび訪れ、ときには自らも作業に加わったと伝えられる。

天平勝宝四年（七五二）四月九日、東大寺大仏殿において大仏開眼供養会《かいげんくようえ》がおこなわれた。大仏に眼を描くことで魂を入れて完成させる儀式である。

だが、じつは大仏はまだ完成しておらず、金メッキもあまり施されていなかった。にもかかわらず開眼供養を急いだのは、聖武上皇が生きているうちに実施したいと考えたからだと思われる。すでに聖武の体調がおもわしくなく、いつ没してもおかしくなかったのである。

このため大仏に墨で黒目を入れるのは菩提僊那《ぼだいせんな》が聖武にかわっておこなった。驚くことに彼はインド人だった。じつはこの儀式には、インド人のみならず唐《とう》（中国）やチャンパ王国（ベトナム）出身の高僧たちも多数参列していたのである。こうして無事大仏開眼供養が終わり、それから四年後、聖武上皇は五十六年の生涯を閉じた。

コラム1

百メートルのツインタワーが存在した？
驚くべき古代建築

奈良時代の建築技術は驚くべきものがある。とくに巨大なことで有名なのは、東大寺の大仏殿《だいぶつでん》だろう。東西五十七・五メートル、南北五十・五メートルの建築物だが、現在の大仏殿は江戸時代（元禄《げんろく》期）に再々建されたものであって、当初の三分の二程度になっている。かつてはもっと大きかったのである。

そんな東大寺には、かつて巨大なツインタワーが存在した。一説によれば、約百メートルの高さを誇っていたという。

現存する木造の塔で最も高いのは、江戸時代につくられた京都の東寺《とうじ》のものである。高さはおよそ五十五メートル。なのに、古代において百メートルのタワーが二基もそびえていたというのは驚きであろう。

しかも西塔が二百年、東塔は四百年も屹立《きつりつ》し続けていたのである。そのうえ両塔は、台風や地震で倒壊したわけではなく、火事で焼失したのである。おそらく現在の技術でも、木造の百メートルタワーを四百年間も屹立させておくのは難しいだろう。

新薬師寺《しんやくしじ》は、東大寺をつくった聖武《しょうむ》天皇の妻・光明《こうみょう》皇后が天平《てんぴょう》十九年（七四七）に聖武天皇の病《やまい》の平癒《へいゆ》を願って建てた金堂《こんどう》からはじまる。九間（約十六・二メートル）もある大きな金堂には薬師像が置かれたので、薬師寺という名がつき、すでにある薬師寺と区別するため「新」をつけたらしい。一説には、香薬寺《こうやくじ》と称したともいわれている。

二〇〇八年六月、そんな新薬師寺の金堂跡（講堂と考える学者もある）が発掘された。東西三十五・七メートル、南北十五・九メートルの規模で、古記録と一致したと、発掘を担当した奈良文化財研究所は発表したものの、五カ月後、その発表が訂正された。

さらに東西の規模が拡大することが判明したのである。結局、東西約五十九メートル、軒の張りだしを含めると約六十八メートルにもなる巨大な建造物だったことがわかった。つまり、現在の東大寺大仏殿よりも大きいことが判明したわけだ。

ちなみに今回発掘された金堂は、応和《おうわ》二年（九六二）に台風によって諸堂とともに倒壊してしまったと推定されている。

それにしても、奈良時代の人々はすごい建築技術を持っていたことがわかるだろう。

第四章

延暦寺はいかにして、仏教界の最高峰となったか

桓武天皇が最澄を抜擢したのは怨霊のため?

最澄《さいちょう》によって創建された延暦寺《えんりゃくじ》はなぜ、日本仏教界の最高峰となったのだろうか。そこにいたるまでの道のりを辿《たど》っていくと、最澄と空海《くうかい》の関係、そして最澄の遺志を継いだある僧の苦難の足跡が浮かび上がってくる。

最澄は、天平神護《てんぴょうじんご》三年(七六七)に近江《おうみ》国滋賀郡の三津首百枝《みつのおびとももえ》の子として生まれた。父の百枝は、最澄が誕生する前、すでに仏教修行の場になっていた比叡山《ひえいざん》にのぼった。山の神に「男の子を授けてほしい」と祈願するためだった。登山の途中に良い香りがしたので、百枝はその場所に草庵《そうあん》をもうけ、七日間、これまでの罪を懺悔《さんげ》したところ、まもなく妻が最澄を身籠《みご》もったという。

最澄は幼名を広野《ひろの》といい、十二歳のときに出家して近江国の国分寺に入り、大国師《だいこくし》・行表《ぎょうひょう》を師とした。延暦四年(七八五)、鑑真《がんじん》のつくった東大寺戒壇院《かいだんいん》で戒律《かいりつ》を受け、正式な僧侶となった。

だが、この頃から「自分は学問もなく、最低の修行者であるうえ、親や目上

比叡山

の者に対する礼儀を欠いている」と自己嫌悪に陥り、厳しい誓いを立てて比叡山で山林修行をはじめたのである。そして修行するうちに、天台《てんだい》教学に興味を持つようになった。法華経《ほけきょう》を中心経典《きょうてん》とする天台教学（天台宗）は、六世紀の中国で誕生した仏教宗派であった。

延暦十六年（七九七）、最澄が三十一歳のとき、朝廷から内供奉十禅師《ないぐぶじゅうぜんじ》に任命される。これは、宮中で天皇に奉仕する十人の僧のこと。時の桓武《かんむ》天皇は、弟で皇太子の早良《さわら》親王の怨霊《おんりょう》に悩まされていた。そんなときに「最澄という有能な僧が新しい天台教学を学んでいる」と耳にし、その呪力《じゅりょく》に期待して最澄を内供奉十禅師に抜擢《ばってき》したらしい。

延暦二十一（八〇二）、桓武天皇の信頼の厚い和気広世《わけのひろよ》（清麻呂《きよまろ》の子）が、高雄山寺《たかおさんじ》に最澄を招いて天台教学を講義させた。これには南都六宗《なんとろくしゅう》（奈良時代からの仏教主流派）の高僧たちも参加し、桓武天皇や皇太子の安殿親王《あてのみこ》も祝辞を寄せた。いかに最澄が、皇室や仏教界から期待されていたかがわかる。

けれど最澄は、自分の天台教学が完璧《かんぺき》でないことを痛感するようになっていた。日本に現存する天台宗系の写本は、誤字脱字が多すぎるうえ、経典のそのものの数が少ないのだ。そのため、朝廷に対し「弟子《でし》の一人に天台教学を学ばせたいので、遣唐使《けんとうし》の一行に加えてほしい」と請願したのである。

これを知った桓武天皇は、驚くべき命令を下した。なんと、最澄本人に「留学僧として唐へ渡るように」と命じたのだ。きっと最澄も驚いたろう。桓武は、すぐれた最澄に自ら唐へ赴《おもむ》いてもらい、そこで最新の知識を学ばせ、帰国後、パワーアップした呪力によって、早良親王の怨霊を鎮《しず》めてもらいたいと願ったのかもしれない。

ただ、一般の遣唐留学生は、次の遣唐使船が来るまで帰ることができない。次とは二十年後。ところが最澄はわずか数カ月で帰国することが決まっており、なおかつ、留学にあたって国家から莫大な金銭を支給された。すでに高僧であり、桓武もなるべく短期間で最澄に帰朝してもらいたかったのだろう。

こうして延暦二十三年（八〇四）七月、三十八歳の最澄は遣唐使船に乗って日本を出立した。四隻の船団のうち、最澄は第二船に乗船した。第二船は全員で二十七名である。だが、出帆《しゅっぱん》してまもなく、遣唐使船団は暴風雨に見舞われ、四隻の船はたちまち離れ離れになってしまった。

第二船では「もうだめだ！」という悲痛な声があちこちから起こり、人びとは大いに嘆き悲しんだ。事実、この嵐で第四船は行方不明になってしまっている。このとき最澄は、自分が所持していた仏舎利《ぶっしゃり》を海中へ投じ、海の神である竜王に嵐がやむのを祈念した。すると不思議なことに、たちまち風がやんだという。

だが、進行方向を見失った船は、それから五十日以上の漂流のすえ、ようやく明州《めいしゅう》の鄮県《ていけん》に漂着している。このように遣唐使というのは、まさに死と隣あわせの危険をおかさなくてはならなかったのだ。

なんとか大陸に上陸した最澄は、いよいよ本場で天台教学を学ぶことになったが、数十日間漂流したこともあって体調を崩してしまい、半月ほど静養した後、天台宗の拠点・天台山がある台州《だいしゅう》へと旅立った。

台州の臨海《りんかい》県に到着すると、天台宗の本山の一つ・国清寺《こくせいじ》から大勢の僧侶が出迎えに来てくれていた。極東の小国・日本からわざわざ高僧が来ると知って、最大の歓迎をしてくれたのだろう。

最澄らはまず、台州の長官（刺史《しし》）のもとを訪れた。長官の陸淳は、有名な学者でもあったので、博識の最澄と意気投合したようで、最大の協力を約束するとともに、最澄の求めに応じて天台宗の主たる書籍を部下に書写させて贈呈すると約束してくれた。

さらに、入唐牒《にっとうちょう》（パスポートのようなもの）もただちに発行したうえ、道邃《どうすい》を紹介してくれた。道邃は、天台宗の開祖・天台大師《だいし》が創建した修禅寺《しゅぜんじ》の座主《ざす》である。ちょうど陸淳に招かれて近くの龍興寺《りゅうこうじ》で講義をしていたのだ。いきなり天台宗のトップ（天台宗七祖）に会えたわけで、最澄はまことに幸運だったといえる。

　こうして道邃のもとで十日ほど天台教学を学んだあと、いよいよ五十キロ離れた天台山へ赴くことにした。まず天台山のふもとにある国清寺の座主・行満《ぎょうまん》のもとへ出向き、彼から天台宗の講義を受け、続いて山上の修禅寺に入った。行満からは大量の経典や宝物を授与された。

　天台山から龍興寺に戻った最澄は、それ以後三カ月以上にわたって道邃から天台教学を学び、戒律（菩薩《ぼさつ》戒）を授けられた。最澄が龍興寺を発《た》つさい、道邃は「あなたと別れたら、もう生きて会うことはできないだろう。どうか、日本に天台の教えを広めてほしい」と別れを惜しんだという。

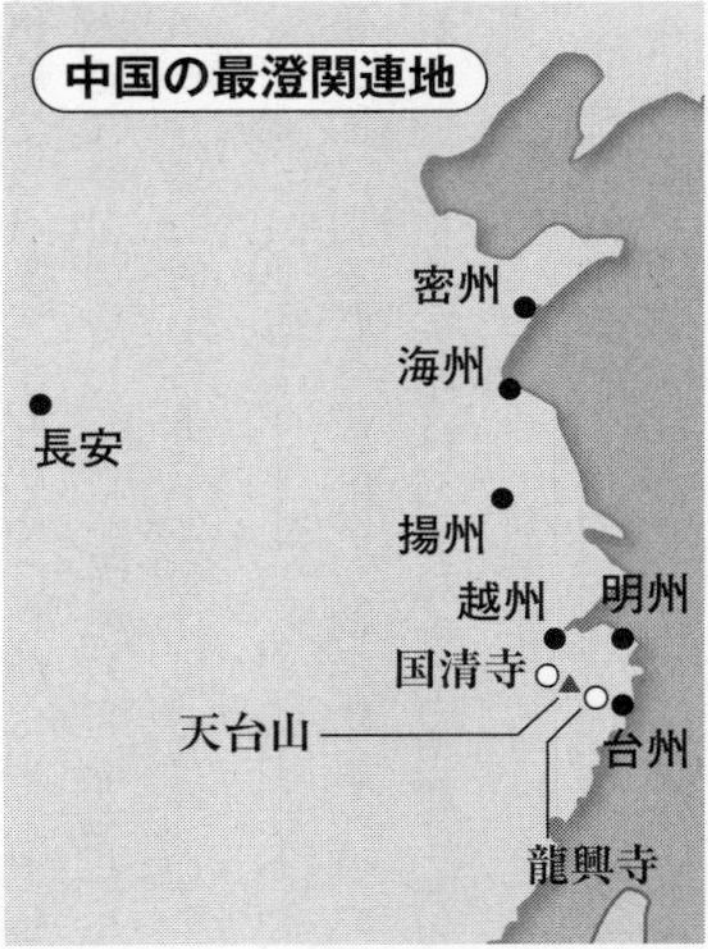

　遣唐使船の発着港である明州の寧波《ニンポー》に戻ってきた最澄だったが、

出航できるまでに間があったので、急ぎ越州《えつしゅう》へ向かうこととした。密教を学ぶためであった。そして、龍興寺の順暁《じゅんぎょう》のもとに三十日間とどまり、順暁をはじめさまざまな僧から密教を駆け足で習得した。

延暦二十四年（八〇五）六月五日、最澄は無事に博多に戻ってきた。六月下旬、都に到着した最澄は、朝廷に出向いて帰朝報告をおこなったが、怨霊を恐れていた桓武天皇は、本場唐で最新仏教を学んだ最澄に大いに期待してくれた。

実際、最澄はその法力《ほうりき》で桓武の病《やまい》を癒《いや》したという。そんなこともあって翌年一月三日、最澄は思い切って天台宗の独立を天皇に願い出、年分度者《ねんぶんどしゃ》を比叡山から出させてほしいと申し入れた。

年分度者というのは、その年に出家（得度《とくど》）を許される僧のこと。当時は毎年十名とされており、すべて南都六宗と呼ばれる仏教の主流派が独占してしまっていた。桓武天皇は最澄の願いを容《い》れ、朝廷を通じて僧侶を管理する僧綱《そうごう》（南都六宗の高僧が独占）にそれを打診した。僧綱たちは桓武の意向ということもあり、定員を二名増やし、その分を最澄側に割り当ててくれたのだ。これは天台宗が独立した宗派として認められたことを意味した。

最澄と空海はなぜ決別したのか？

だが、同年三月に桓武天皇が死去する。最澄の強力な支援者が消えたことで、南都六宗からの最澄に対する風当たりは強くなった。そんなとき、唐から戻ってきたのが空海であった。空海は、二年間にわたってみっちり密教を学んで戻ってきた天才肌の僧侶であり、現世利益《げんぜりやく》を説くその教義はたちまちにして貴族たちの心をつかんだ。

最澄は密教をかじっただけだったので、その弱点を補うため、自らへりくだって七歳年下の空海に接触。なんと、空海から灌頂《かんじょう》（密教でおこなわれる入門の儀式）を受けて弟子の礼をとったのだ。

こうして親密な関係を結ぶと最澄は、空海が唐から持参した密教関係の書物を借り受けて、むさぼるようにこれを読んで研究し、さらに、愛弟子《まなでし》の泰範《たいはん》を空海のもとに遣《つか》わして密教を修得させた。自派の不足を必死に埋めようとしたのだろう。とにかく、生真面目《きまじめ》な最澄の性格がよくわかる。

そんな異常な向学心に恐怖を抱いたのか、それともうんざりしたのか、弘仁《こうにん》四年（八一三）、最澄が『理趣釈《りしゆしやく》』の解釈書『理趣釈経』を貸してくれるよう空海に依願したところ、空海は「経典の文字だけから密教を理解しようというのは正しくありません。その真髄は、心で体得するものです」、そうきっぱり断ったのである。

こうして空海との関係が悪化すると、最澄は愛弟子の泰範を空海のもとから引き上げさせようとした。ところが泰範は、空海に傾倒して比叡山に戻ろうとしなかったのだ。

最澄は聡明な泰範を溺愛《できあい》しており、自分の後継者にしようと考えていた。そんな弟子が自分を裏切ったことに、衝撃を受けた。

ただ、あきらめきれず、弟子の泰範にあてて最澄は多くの手紙を書いた。その文中には「早く比叡山に戻って一緒に学ぼう」「どうか老僧を捨てないでほしい」「捨てられし老僧最澄」「私の命はもう長くないのだ」「私のような卑《いや》しい禿男《はげ》は、風の中の小さな燈火。自分を照らすこともできないので、あなたの闇を除くこともできない」「空海の真言宗《しんごんしゅう》も私の天台宗も同じではないか」といったように、まるで恋人にあてたような切ない文言がちりばめられている。こうした手紙をもらって困っている泰範に対し、なんと、空海が彼に代わって最澄に返事を書いたのである。

代筆された手紙には、天台宗より真言宗のほうが優れているし、泰範が比叡山に戻るつもりはないことがはっきり記されていた。さすがに最澄も、こうなった以上、泰範をあきらめざるを得なくなった。

じつはこの時期、最澄は苦しい立場に立たれていた。泰範だけでなく、多くの弟子が去ってしまっていたからだ。前述のとおり、最澄は天台宗の独立を桓武天皇に願い出て、年分度者を二名、割り当ててもらった。

ただ、年分度者というのは、まだ僧として未熟なのだ。現在でいえば、教員を志望する者が大学に入学して教職課程をとった段階といえる。実際、教職課程で多くの単位を履修した後、教育委員会に申請して教員免許をもらう必要がある。それで、初めて正式な教師の資格が獲得できるのだ。そんな教育委員会にあたるのが、南都六宗の東大寺であった。

東大寺には戒壇院という戒律を授ける施設があり、ここで戒律を受けて正式な僧侶となるのである。このため、天台宗の年分度者は一定の修行を終えると、いったん比叡山を下りて、奈良の東大寺に行く必要があった。ところが、戒律を受けた僧の多くは、ほとんど比叡山に戻ってこなかったのだ。

たとえば、延暦二十五年（八〇六）から過去十年間の記録を見ると、二十名の年分度者のうち、戻ってきたのはわずか六名だけ。やはり奈良へ行って、壮麗な南都の寺院を見たり、都会の華やかさを知ると、わびしい山へ戻る気が失せてしまうのだろう。二十名のうち六人は、南都六宗で最大宗派の法相宗《ほっそうしゅう》の僧侶になってしまった。

つまり、このまま座していれば、天台宗は滅亡を待つしかなかったわけだ。もちろん、空海のように南都六宗と対立を避けて、巧みに付き合うやり方もあった。しかし生真面目な最澄は、天台宗が南都六宗と考え方が違うことをはっきり表明し、対立する道を選んだのだ。とくに最澄は、法相宗を中心とする南都六宗は小乗《しょうじょう》の教えであり、「大乗《だいじょう》を唱《とな》える天台宗こそが優れている」と主張した。

南都六宗では、人間は生まれながら劣った人間、ふつうの人間、優れた人間がいるので、それぞれの能力にあった教えが必要なのだと説《と》く。これに対し最澄は、「すべての人間は仏になる能力を備えており、その教えは一つであり、誰もが救われるのだ」と説いた。

弘仁八年（八一七）、比叡山から出て東国《とうごく》に布教をはじめた最澄は、法相宗の高僧・徳一《とくいつ》と激しい論争を開始する。さらに翌年、十九歳のとき東大寺で授けられた戒律（小乗戒）を捨て去り、そのことを公言したのだ。まさに、南都六宗に対する宣戦布告であった。

そのうえで、朝廷に対して大乗戒を授ける戒壇を新たにつくらせてほしいと申請した。そこで朝廷は、仏教を統括する僧綱に打診し、僧綱はそれを南都六宗に伝えた。

当然、南都六宗は猛然と反発した。しかし最澄はあきらめず、その後何度も朝廷に申請したのである。が結局、許可が出ないまま最澄は不治の病に陥ってしまう。自分の最期《さいご》を悟った最澄は、「私の命は長くない。死んでも喪に服すことはするな」と述べ、さまざまな遺言を語った後、五十六歳で生涯を閉じたのである。念願であった戒壇の設立は、弟子たちの努力によって最澄の死後一週間後に許可された。天台宗の南都六宗からの完全独立の夢がかなったのである。

最澄の遺志を継いだ僧とは

最澄の弟子・円仁《えんにん》は、延暦十三年（七九四）、下野《しもつけ》国都賀《つが》郡（現・栃木市）の豪族・壬生首麻呂《みぶのおびとまろ》の子として生まれた。

誕生したまさにその日、屋敷の上空を不思議な紫色の雲がおおったという。紫雲は奇瑞《きずい》の前兆として偉人の生誕によく見られる現象である。ちょうど托鉢《たくはつ》のために家の前を通りかかった天台宗の広智《こうち》は「もしこの子が健康に育ったなら、自分の寺に預からせてほしい」と願いでたという。

円仁の父・壬生首麻呂が、円仁が幼少のうちに死去してしまったこともあり、九歳のときに円仁は広智に引き取られ大慈寺《だいじじ》に入った。大慈寺は、東国における天台宗の中心寺院であった。以後円仁は、如来《にょらい》の使いとうたわれた広智から天台の教義を学んだ。

そんなある日、夢の中に威厳のある僧侶が現れる。近づいて挨拶をすると、高僧は円仁の頭を撫《な》でながら優しく語りかけてきたのだ。側にいた別の僧侶が「この高僧をどなたか知らぬのか」と円仁に尋ねてきたので、正直に「知らない」と答えると、傍《かたわ》らの僧は「この方こそ、叡山大師こと最澄様だ」と述べた。その瞬間、円仁は目を覚ました。以後、円仁は京都にいる最澄に強い思慕の念を抱《いだ》くようになった。

十五歳になったとき、円仁は広智にともなわれ、比叡山延暦寺にのぼった。このとき最澄がにこやかに円仁の前に現われ、夢と全く同じ光景が繰り返されたのである。

以後円仁は、最澄のもと、比叡山で修行に励むことになった。まもなく最澄は、優秀な年少者を十名選んで、特別な講義をはじめ、膨大な量の経典や教義を学習させた。後継者の育成をはかろうとしたのだ。この中に円仁も選ばれた。ただ、あまりに大変な学習なので、九名の少年が脱落し、円仁だけが残ったという。このため最澄は円仁の将来に大いに期待をかけるようになり、東国年間、比叡山で修行者に戒律を授けるとともに、最澄の遺言に従って十二円仁は、比叡山から出ずに修行に励む「籠山《ろうざん》」をはじめた。そんな生活を送る円仁に対し、比叡山の僧侶たちは「ぜひ山から出て天台宗の教えを世間に広めていただきたい」と強く依願するようになった。これを固辞してきた円仁だったが、ついにその要請に応え、奈良の法隆寺や大坂の四天王寺などで法華経などを講義し、さらには東北地方で布教を展開した。

天長《てんちょう》九年(八三二)、朝廷は円仁の功績をたたえ、「伝燈満位《でんとうまんい》」という僧侶の高位を与えた。だが翌年から円仁は、身体の不調に悩まされる。視力が衰え、非常に疲れやすくなってしまったのだ。このときまだ四十歳だったが、当時としてはもう老年になる。円仁は、「自分の命は長くない」と悟り、比叡山でも人気《ひとけ》のない峡谷・横川《よかわ》という地に小さな庵《いおり》を結び、そこで修行しながら寿命が尽きるのを静かに待つようになった。

しかしながら、死はやってこなかった。それどころか、夢の中で蜜のごとき妙薬をもらったことを機に、完全に健康を取り戻したのである。

それからまもなく、なんと円仁は、遣唐使一行に加わることになった。これは、最澄の遺志でもあった。最澄は生前、高弟の円澄《えんちょう》（円仁の兄弟子）に「天台宗発展のため、弟子を唐へ遣《つか》わしたい」と述べていた。ところが遣唐使事業はその後、長い間、絶えてしまった。それがこのたび、三十数年ぶりに再開されることになったため、円澄が朝廷に強く円仁の入唐を働きかけたのだった。

渡唐が決まった後、円仁の夢に最澄が現われ、「命の危険をおかしても、法のために大陸へ渡るように」と諭《さと》されたという。当時の航海術は非常に未熟で、遣唐使船の多くが沈没したり、漂着したりして、命を落とす者も少なくなかった。円仁も不安にかられており、彼の潜在意識が最澄を夢枕に立たせたのかもしれない。

その不安は的中する。承和《じょうわ》三年（八三六）七月、遣唐使と留学生たちは四隻の船に分乗して九州を離陸した。ところがすぐに暴風雨に遭《あ》って船団は散り散りになり、円仁の乗る第一船は九州の肥前《ひぜん》国に吹き戻されてしまったのだ。船の破損もかなりひどかった。第三船はさらに悲惨で、船は大破し、乗組員約百四十名のうち生存者はわずか二十八名であった。

だが幸いにも、事業が中止されることはなかった。船を修復した上で、翌年、改めて遣唐使一行が出発することになった。ただこのおり、前回遣唐使に参加していた真言宗の真済《しんぜい》と真然《しんねん》は渡海を許されなかった。彼らが第三船に乗り組んでいたからだ。「不運な彼らが同行すると、また不吉な事態を呼び寄せるのではないか」と敬遠されてしまったのだ。そういった意味では、円仁は運が良かったといえる。

こうして承和五年（八三八）六月、遣唐使たちは三隻で再び唐へ向かったのである。航海では荒波が側舷《そくげん》を打ち付け、船側面の鉄板はみな外れてしまう。さらに大陸が近づいてくると、大風に煽《あお》られて船は暴走し、そのまま浅瀬に乗り上げてしまった。帆柱《ほばしら》はへし折られ、舵《かじ》もきかなくなり、甲板《かんぱん》上には容赦《ようしゃ》なく波が襲いかかってきた。連続する衝撃波のため、ついに船が真ん中から割れはじめた。仰天《ぎょうてん》した乗員は舳先《へさき》と艫《とも》に分かれてバランスをとったり、綱をかけて船体が分解せぬよう必死に支えた。

翌朝、船の半分が砂の中に埋まってしまった。このため大使ら一部の者たちが助けを求めるため小舟で岸へと向かった。円仁は船中に残ったが、その後再び、船が波に揉《も》まれて動きだし、激しく揺れ動いた。船体がバラバラになるのは時間の問題だった。このため人びとはお経を唱え、あるいは泣き叫びながら、必死に体を綱で船体に結びつけ、船が傾くたびに反対側へと走って沈没を防いだ。まさに絶望的な状況になってしまったわけだが、幸い、救助の小舟がやってきたので、どうにか生きて上陸することができた。

唐で違法滞在をした末に……

上陸地は揚州《ようしゅう》の揚子江《ようすこう》の河口であり、そのまま遣唐使一行は水路を通って七月十二日に延海村の国清寺に宿をとった。しかしひどい蒸し暑さとハエのように大きい蚊に悩まされた。その後再び船に乗るが、七月二十六日に揚州府に上陸する。円仁は仲間の円載《えんさい》らとともに、天台山に入る許可を求める文書を遣唐大使・藤原常嗣《つねつぐ》を通じて揚州大都督・李徳裕《りとくゆう》に提出した。

円仁の目的は、亡き師・最澄が修行を積んだ天台宗の根本《こんぽん》道場・天台山へ行き、天台の教えに関する多くの疑問点を高僧に尋ね、さらなる理解を深めることだった。

だが、李徳裕は「朝廷の勅許《ちょっきょ》が必要なので、それまで待て」と述べ、円仁らに開元寺《かいげんじ》に居住するよう命じたのである。九月半ばになって「遣唐大使が直接、長安《ちょうあん》の都で皇帝に許しを得る必要がある」という返答が、唐の朝廷からもたらされた。

このため、長安に赴いた遣唐大使・藤原常嗣は勅許を得ようと唐の朝廷と何度も交渉をおこなった。だが、さんざん待たされたあげく、円仁のもとに届いた回答は「不可」だった。理由は円仁が請益僧《しょうやくそう》だったからである。

留学僧には、請益僧と学問僧という二種類がある。すでに深い知識を得て、疑問を解決するために渡海する僧を請益僧という。対してまだ未熟で、唐で本格的に仏教を学ぶためにやってきた僧が学問僧。学問僧は長期の滞在が許されたが、請益僧は短期間の滞在しか認められていなかった。具体的には、遣唐使は約一年程度で帰国するが、請益僧はそれと一緒に帰るのが普通だった。

唐の朝廷は「請益僧では、帰国まで時間がないので、円仁の天台山行きは認められない」と言って寄こしたのである。ただ、このおり学問僧であった円載のほうは、天台山行きを認められた。そこで円仁は、円澄から託された品物や質問状、書簡《しよかん》等を円載に託し、承和六年（八三九）二月二十八日、円載が旅立つのを寂しく見送った。

だが、やはり円仁は、天台山行きをあきらめることができなかった。そこで三月五日、遣唐大使・藤原常嗣のもとへ赴き、「求法《ぐほう》遂げ難きによりて、唐国に留住すべき状」を差し出し、唐での残留を願った。

すると常嗣は「仏のためである。あえて私は止めることはせぬ。残る必要があるなら、そうすればよい。ただし、この国の政治は極めて危うい。もし役人に見つかれば、朝廷の命令に従わなかった罪に問われるゆえ、よく考えなさい」と答えたのである。

このように円仁の違法滞在を許すとともに、その身まで心配してくれたわけで、もし常嗣が理解のない男だったら、天台宗の歴史はおそらく変わっていただろう。

かくして円仁は、遣唐使船に乗って密州《みつしゆう》まで下り、そこから天台山へ向かうことにした。だが遣唐使船団がルートを変更したので、円仁は海州《かいしゆう》東海山近辺で途中下車し、その後、新羅人《しらぎ》（朝鮮人）の案内で宿城村に着いた。

このとき村長の王良という者が出てきて、不審な円仁一行に筆談などで質問を投げかけてきた。円仁は「自分は慶元という新羅の僧侶である」と偽《いつわ》った。ところが王良は「おまえは自分を新羅人だというが、その言葉は新羅語ではない。また、唐の言葉でもない。つい最近、日本の遣唐使船が風を待っていると聞いた。おまえたちはその船から逃げてきたのだろう」とその正体を見破り、役人に突き出したのである。

円仁らは、役人の取調べを受けた後、近くに停泊していた遣唐使船に戻されてしまった。いったん意気消沈した円仁だが、やはりこの地に残りたいという気持ちがわき起こり、再び陸地に降りた。まさに不屈の精神といえた。

こうして九年間の唐での留学を終え、承和十四年（八四七）九月、ようやく円仁は九州大宰府の地に着いた。師の最澄が持ち帰ることのできなかった密教に関する深い知識、経典、法具類などを持参しての凱旋帰国であった。

十一月になると、はるばる比叡山から愛弟子であった仲暁、慈叡、玄皎らが大宰府まで円仁に会いに来た。どのような会話がなされたかは不明だが、弟子たちに再会できた円仁は感無量だったろう。

ただ、彼らと一緒に比叡山へは戻らず、帰国後、半年以上も大宰府にとどまった。無事に帰還できたことを諸寺社に感謝するため、読経《どきょう》を奉納する日々を送るとともに、持ち帰った経典や諸法具の整理や目録づくりに追われていたのかもしれない。

比叡山に戻ったのは承和十五年（八四八）三月のことであった。遣唐使船に乗る準備のため山を下りてから、十三年の月日が経っていた。円仁が帰ってきたことが伝わるや、山中の僧侶たちが集まってきて、その姿を拝して随喜《ずいき》の涙を流したという。

僧侶たちにとって円仁の存在は絶大だった。とにかく穏やかな性格で、決して他人に怒りをみせることがなかったからだろう。ただ、物事に集中しやすい質《たち》だったようで、道を歩くときもひたすら真っ直ぐに歩き、両側に人がいても一切気がつかないほどだったと伝えられる。研究者によくいるタイプだ。

帰山した円仁は、集まってきた僧侶たちに対し、唐で描かせた精巧な密教の曼荼羅《まんだら》（仏像を多数配列するなどして仏教の世界を幾何学《きかがく》的に表した絵）を披露した。まさにそれが、長期留学の成果の象徴だったからだろう。

かつて空海の開いた真言宗は、現世利益を説く密教を取り入れたことで、貴族の間で爆発的流行をみせた。一方、空海と同じ遣唐使船団で唐へ渡った最澄は、前述の通り、短期留学生だったため密教を学ぶ時間的余裕はなく、なおかつ、空海から密教経典の貸借も断られてしまった。今回円仁は、そんな天台宗における密教の不足を補うに十分な知識や法具類をたずさえて戻ってきた。これで、密教分野で真言宗に対抗できるようになり、師・最澄の悲願が達成されたわけだ。

帰国後、円仁は太政大臣《だいじょう》・藤原良房《よしふさ》から厚い庇護《ひご》を受けるようになった。良房の娘が産んだ惟仁《これひと》親王が皇太子となったので、惟仁が無事に皇位に就けるよう、円仁が獲得した密教による加持祈禱《かじきとう》の力に大いに期待したからだろう。

仁寿《にんじゅ》四年（八五四）四月、六十一歳になった円仁は、天台座主（比叡山延暦寺の住職。天台宗のトップ）三世の地位に就いた。そしてその後も藤原良房、清和《せいわ》天皇（良房の孫）、皇后などに戒律や灌頂を授け、仏教界における天台宗の地位を不動のものとしたのだった。

しかし、七十歳になった貞観《じようがん》五年（八六三）十月十八日、ひどい熱病にかかってしまう。もはや命はこれまでと判断した円仁は、整然と遺言を述べはじめた。

「比叡山の山頂に僧の廟をつくってはならぬ。祖師・最澄の廟（浄土院）のみを保て。私を埋葬した場所には樹木を植えて、その験《げん》とせよ。後世、その場所に廟をつくってはならない」

こうしていよいよ入寂《にゆうじやく》の準備にとりかかるが、円仁が没する直前、いくつか不可思議なことが起こった。夕刻、文殊楼《もんじゆろう》の北東方面に流れ星が落下し、砕け散ったのだ。

また、円仁の弟子・一道が戒壇の前を通ったところ、どこからともなく音楽が聞こえる。奇妙に思って音を辿っていくと、円仁が病臥《びようが》している堂内から聞こえたので、近くの者に音楽について尋ねたが、誰一人、その音を聞いた者はいなかったという。

翌年正月十四日、円仁は手に印《いん》を結び、密教の真言を唱えつつ静かに生を閉じたのである。七十一歳であった。

コラム2 清水寺創建にまつわる、征夷大将軍の不思議な体験

京都の音羽山清水寺《おとわさんきよみずでら》は日本屈指の観光地であり、外国人にも大変人気がある寺だ。そんな清水寺と深く関係しているのは、あの坂上《さかのうえの》田村麻呂《たむらまろ》である。そう、征夷大将軍として桓武《かんむ》天皇の命令で蝦夷《えみし》の平定に活躍した武将だ。

田村麻呂があるとき音羽山にやってきた。妻の三善高子《みよしたかこ》が予定日を過ぎても出産の兆候がないため、安産に良いとされる鹿を狩りに来たのだ。

さっそく山中に分け入ると、麓《ふもと》を流れる滝で延鎮《えんちん》という僧侶に出会った。

延鎮は自分がここで修行している理由を話した。それによると延鎮は、「木津川《きづがわ》の北にある清泉《せいせん》を求めよ」という夢のお告げをうけ、それを信じて音羽山の麓まで来たところ、見事な滝を見つけたのだという。滝の近くには

清水寺（『京都名所之内 清水』、国立国会図書館所蔵）

庵《いおり》があって、そこから出てきた行叡居士《ぎょうえいこじ》という人物から霊木《れいぼく》をもらい、「この木で千手《せんじゅ》観音像を刻み祀《まつ》るように」と言われたのだそうだ。しかもそれを告げた後、行叡は姿を消してしまったという。

田村麻呂はその話を聞いた後、自分の目的を延鎮に告げると、「新しい生命が誕生するのに、このような神聖な霊地で殺生《せっしょう》するのはよくない」と強く諫《いさ》められた。

それに感激した田村麻呂は、妻とともに延鎮に帰依《きえ》し、自分の邸宅を仏殿として寄進した。こうして宝亀《ほうき》九年（七七八）に清水寺が開創され、延暦《えんりやく》二十四年（八〇五）に朝廷から寺周辺の山地をもらい受け、寺を整備したという。

本尊の観音は平安貴族たちにも篤《あつ》く信仰され、『枕草子《まくらのそうし》』に「清水などにまゐりて坂本《さかもと》のぼるほどに、柴焚《しばた》く香《か》のいみじうあはれなるこそ、をかしけれ」とあるように、あの清少納言《せいしようなごん》もたびたび清水寺に参籠《さんろう》している。同書ではまた「騒がしきもの」と題して、「清水寺に籠《こ》もったときのことだが、暗くなりまだ火をともしていないときに他所や他国から多くの人々が集まり、とても騒々しい」と語っており、当時の清水寺の賑《にぎ》わいがわかる。

ちなみに有名な清水の舞台は、江戸幕府の三代将軍・徳川家光《いえみつ》の尽力によって寛永《かんえい》十年（一六三三）に再建されたものである。神仏に捧《ささ》げる舞台なので、観客席は存在しないのが大きな特徴だ。地上までの高さは十二メートル。だから思い切った決断をするときには「清水の舞台から飛び降りるような気持ち」という言葉を使う。

だが、信じられないことに、江戸時代には多くの人々が本当にこの舞台から飛び降りたのである。清水寺の成就院《じようじゆいん》には、元禄《げんろく》時代から幕末まで、二百三十五件の飛び降り事例が記録されている。意外にも飛び降りた人の七割が女性で、八割以上が助かっているそうだ。

飛び降りるのは死ぬためではなくて、寺の本尊である観音様に願い事を叶《かな》えてもらうためだった。多くは恋の成就を願ったそうだが、やがて清水の舞台から飛び降りるシーンは、歌舞伎や講談でも取り入れられるようになっていったのである。

第五章

今も生きている⁉
高野山を開いた空海にまつわる謎

なぜ、空海は高野山を選んだのか？

高野山《こうやさん》という山はない。和歌山県北部の千〜九百メートル程度の山々に囲まれた標高約八百メートル、東西約六キロ・南北約三キロの平坦地を、そう呼んでいるのだ。弘仁《こうにん》七年（八一六）、真言宗《しんごんしゅう》の開祖・空海《くうかい》は、嵯峨《さが》天皇の許可をえて、この場所に仏教の根本《こんぽん》道場を開いた。それが高野山の始まりである。

かつての高野山には大小三千もの寺がひしめいていたといわれる。現在でも百以上の寺院が建ち並び、学校や病院、交番や銀行、コンビニなどがある。そう、完結した宗教都市になっているのだ。ただ、人口は約三千人、そのうち僧侶はおよそ千人なので、じつは一般人のほうが多い町なのである。

二年前、テレビ朝日の『ぶっちゃけ寺』という番組でロケに行き、寺の宿坊《しゅくぼう》に泊まった。普通の旅館とあまりかわらず、快適に過ごせたうえ、夕食ではビールも飲めた。驚いたのは宿坊内に外国人客が多かったことだ。やはり世界遺産に登録されたことが大きいようだ。日本人観光客は伸び悩んでいるが、それに比して外国人の伸びは著しい。私が泊まった宿坊では、ドイツからやってくる方が多いということだった。

ちなみに寺院が宿坊を経営し、在家《ざいけ》（一般客）を泊まらせるという伝統は平安時代から続いている。高野山への参詣《さんけい》が盛んになると、多くの貴族や武士などが特定の寺院と宿坊契約を結んで、高野山に出向いたときには宿泊して接待を受けるようになった。

たとえば蓮華定院《れんげじょういん》は、NHK大河ドラマの題材となった信濃《しなの》国上田《うえだ》の真田《さなだ》氏の宿坊で、関ヶ原合戦で真田昌幸《まさゆき》・幸村《ゆきむら》（信繁《のぶしげ》）父子が敗れたさい、しばらくここに住んでいたこともあった。このため同院には、真田幸村の直筆の手紙が伝わっている。

歴史上の偉人と関係が深い寺院も多い。

宿坊も運営している金剛三昧院《こんごうさんまいいん》は、尼《あま》将軍といわれた鎌倉幕府の北条政子《ほうじょうまさこ》が、夫・源頼朝の菩提《ぼだい》を弔《とむら》うために建立《こんりゅう》した寺院である。本堂には、政子が有名な運慶《うんけい》につくらせたとされる、頼朝と等身大の愛染明王《あいぜんみょうおう》が鎮座している。

政子は生前、この像を念持仏《ねんじぶつ》（自分を守ってくれる仏）にしていたと伝えられている。また、この寺には頼朝や政子の頭髪、爪が納められているという五智《ごち》如来《にょらい》像も現存する。

ところでどうして空海は、この場所に道場をつくろうと考えたのだろうか。『続遍照発揮性霊集補闕鈔《ぞくへんじょうほっきしょうりょうしゅうほけつしょう》』によれば、空海は仏教の本場・唐《とう》（中国）に比べ、俗界から離れて密教の修行に励むべき場所が少ないことを憂い、人が通う道もないこの高台の平坦地を下賜《かし》してくれるよう、嵯峨天皇に頼んだとされる。

では、いかにしてこの場所を見つけたのか。

じつは諸説あり、どれも史実とは思えないが、代表的なものを二つ紹介しよう。

修行道場を探して各地を歩いていた空海は、ある日、大和国《やまと》（奈良県）宇智《うち》郡（五條《ごじょう》市付近）あたりで白と黒の犬をつれた狩人《かりうど》に「どこに行かれるのですか」と尋ねられた。そこで空海が事情を話すと、その狩人は「少し南へ行った紀伊国《きい》（和歌山県）にふさわしい場所があります。この犬に案内させましょう」と告げて姿を消したのである。じつはこの狩人は、狩場明神《かりばみようじん》という神だったという。

その後空海は犬たちの道案内で高野山にのぼるが、その途中、地元神である丹生明神《にうみようじん》の社《やしろ》に参詣した。すると、当の丹生明神が現われ、喜んでこの地を永久に与えることを告げた。これに感謝した空海は、狩場明神と丹生明神を地主神《じぬしがみ》として祀《まつ》る社を高野山に建てたという。

もう一つの逸話について語る。

唐にいた空海は帰国するさい、日本での修行道場が欲しいと考え、明州《めいしゆう》の浜辺から三鈷《さんこ》（密教《みつきよう》に用いる法具）を日本へ向けて投げた。するとそれがそのまま、高野山まで飛んできて松の枝にかかったという。帰国後、投げた三鈷を探しあててこの場所を道場としたのだとされる。

ちなみに、現在も高野山にはその松とされる大木が存在する。ときおり、その松の葉のなかに三本に分かれたものがあり、私がロケで訪れたときにも見つけることができた。縁起物として葉を持ち帰る人も多いそうだ。

いずれにせよ、こうして高野山を最適地と考えた空海は、勅許《ちよつきよ》を得て弟子《でし》たちや職人をともない山林や原野を切り開き、諸堂を建てたのである。

伝説に彩られた空海の前半生

では、真言宗の開祖・空海とはどのような人物なのだろうか。

空海は宝亀《ほうき》五年（七七四）、讃岐《さぬき》国多度《たどの》郡《こおり》弘田《ひろた》郷《ごう》屏風《びょうぶ》ケ浦《がうら》に生まれた。父は豪族の佐伯《さえきの》直《あたい》田公《たぎみ》、同じく母も豪族・阿刀《あと》氏の娘であった。母は彼を出産するさい天竺《てんじく》（インド）の聖人が体内に入ってくる夢を見たといわれる。事実、聖人のように幼い頃から優れた資質を見せたので、幼名を「真魚《まお》」と名付けた両親だが、やがて「貴物《とうともの》」と呼んで大切に育てた。

小さい頃から土をこねて仏像をつくり、草でつくった小屋に置いて拝《おが》んでいたという伝説がある。七歳になったとき、家の近くの我拝師山《がはいしやま》の岩崖にのぼり、「自分は将来、身を捨てて人びとを救うつもりです。その願いが実現するなら私の命を救ってほしい。かなわぬなら、この身体は仏に捧《ささ》げます」と祈って、なんと、崖から身を投げたのだ。すると、天女が現れて、少年空海を空中で抱きとめ、命を救ったと伝えられる。

十五歳になった空海は叔父の阿刀大足《おおたり》から本格的に学問を学ぶようになった。大足は伊予《いよ》親王の家庭教師をつとめるなど、学者として名を成していた。大足は空海のずば抜けた才能を目の当《ま》たりにして、「地方豪族として朽《く》ちさせるのは惜《お》しい」と考え、朝廷に強く働きかけて十八歳の空海を大学へ入学させたのだ。

大学というのは、中央官吏を養成するために都に置かれた教育機関である。通常、地方豪族の子は、地方に設置された国学《こくがく》（下級官吏養成機関）に行くのが普通だったが、空海は大足のコネで特別に貴族（位階が五位以上）しか入学できない大学の明経《みようきよう》科（高級官吏養成学科）への入学が許されたのである。

ここで好成績をおさめ、その後、官吏としての才能を発揮できれば、貴族になるのも夢ではなかった。ゆえに前途が開けた空海は、必死に勉学に励んだ。眠くなると、錐《きり》を足に突き刺して眠気を覚ましたという。

だが、人生はわからない。ある日、空海のもとに修行僧が現れ、「虚空蔵求《こくうぞうぐ》聞持法《もんじほう》」を聞かされたのである。虚空蔵菩薩《ぼさつ》の真言（短い呪文）を百万回唱《とな》えると、すさまじい記憶力を獲得できるという内容だった。

室戸岬の御厨人窟

きっと空海は、勉強したことが頭に定着せずに悩んでいたのだろう。この修行は一通り終えるのに百日かかるのだが、空海はそれを何度も繰り返していくうちに仏教に興味を持つようになり、やがて大学に行かなくなり、勝手に僧になって各地をめぐり歩いて修行するようになった。つまり、エリート・コースをあっさりと捨ててしまったわけだ。

空海が修行のために訪れた場所としては、阿波《あわ》国の太瀧嶽などをはじめ、各地に多くの伝承が残っているが、土《と》佐《さ》国の室戸《むろと》岬において空海は神秘体験をする。岬の御厨人窟《みくろど》の中で虚空蔵菩薩の真言を唱えているとき、虚空蔵菩薩の化身といわれる明けの明星《みようじよう》（金星）がいきなり近づいてきて、すっぽりと口の中に入り込んだのである。この瞬間、空海は自分が仏と一体であると悟ったという。

二十四歳になった空海は『三教指帰《さんごうしいき》』を著した。同書では「儒教、道教、仏教のなかで最も優れているのは仏教だ」と断じている。これは、仏道へ入ることを反対する親類縁者を納得させるために記されたと伝えられる。

その後、空海は『大日経《だいにちきよう》』という経典《きようてん》に出会うが、他のそれとは異なり、博識の空海をもってしても、その真髄を理解できない。そこで大日経を深く理解するため、仏教の本場である唐《とう》へ渡ることを強く望むようになった。

三十一歳のとき、念願がかなって留学生として遣唐使船に乗って唐へ渡るのだが、どのようなツテを辿《たど》ったのかは今もって謎である。

唐でいかなる修行をしたのか？

遣唐使は四隻の船団を組んで海を渡るが、空海は遣唐大使・藤原葛野麻呂《かどのまろ》の第一船に同乗した。ただ、船団は途中で暴風雨に遭《あ》って四散してしまう。第四船は消息を絶ち、第三船は破壊されて日本へ戻らざるを得なかった。

幸い空海が乗る第一船は大陸へ着いたものの、なんとそれは一月《ひとつき》も漂流した後のことであった。しかも予定よりはるか南の福建省《ふっけん》長渓県《ちょうけい》赤岸鎮《せきがんちん》に流れ着いたのである。

上陸したリーダーの藤原葛野麻呂は、やってきた唐の役人たちに「自分たちは日本から来た遣唐使である」と書面で伝えたが、唐の役人はその拙《つたな》い文章を見て「海賊に違いない」と疑った。

困り果てた葛野麻呂は、梵語《ぼんご》（古代インドのサンスクリット語）や中国語に秀でていた空海に、改めて唐に提出する書面の作成を頼んだ。そこで空海が文書を認めて渡すと、唐の役人は表現の見事さに驚き、態度を豹変《ひょうへん》させ遣唐使一行を歓待したと伝えられる。

こうして空海はいったん長安《ちょうあん》に入った後、遣唐使一行と別れ、各寺院をめぐって師となるべき僧を求め歩いた。そして青龍寺《せいりゅうじ》の高僧・恵果《けいか》と出会う。恵果は「三朝《さんちょう》の国師《こくし》」とうたわれた密教の第一人者。しかも空海に会った瞬間、われる。

「私は前からお前が来ることを知っていた。ずいぶん待ったぞ」と告げたとい

空海はまず、青龍寺東塔院で灌頂《かんじょう》を受けた。

最初に曼荼羅《まんだら》の上に花を投げる。念持仏を決定するためだ。曼荼羅は二枚（胎蔵界《たいぞうかい》と金剛界《こんごうかい》）でワンセットになっている。胎蔵界曼荼羅には仏や菩薩が四百十四、金剛界曼荼羅には千四百六十一描かれているが、空海は二度投げて二度とも大日如来《だいにちにょらい》の上に花が落ちた。大日如来は最高の仏であり、これを目にした恵果は思わず声を漏《も》らして感歎《かんたん》したという。

以後、空海は恵果の教えを砂が水を吸い込むように修得し、次々と秘密の真言を授かり、わずか数カ月にして完全に教えをマスターしてしまった。喜んだ恵果は空海を自分の後継者に任命すると、まるで安堵《あんど》したかのようにその年のうちに没した。

空海は、恵果の業績を記した碑文を撰《せん》しており、入門から一年もたたないうちに、高弟の地位にのぼっていることがわかる。まさに超人的な男である。

師を失った空海は「もはや唐で学ぶことはない」と考え、大同《だいどう》元年（八〇

六）に唐の王朝に対し、帰国したい旨《むね》を奏上して了解を得た。そして同年秋、日本に戻ってきた。このおり空海は、書写した多くの経典、膨大な書籍や密教法具、仏像、経巻《きようかん》を持ち帰った。また、唐における医学や美術、工芸や土木技術などを学び、最新の知識人に変貌していた。

こうして渡唐して二年後に戻ってきた空海だが、これは重大なルール違反だった。遣唐留学生は原則二十年が留学期間だったからだ。なのに空海は、勝手に期間を短縮して帰国してしまったのである。当然、処罰の対象となる。

そうしたこともあったのか、しばらくの間、空海は平安京へは戻らずに、九州の大宰府《だざいふ》や筑前《ちくぜん》国の観世音寺《かんぜおんじ》などにとどまって修行に励んでいた。

すると朝廷の貴族や僧侶の間で、「空海という僧侶が密教を修得するとともに、さまざま経典や最新の科学技術を唐から持ち帰った」という噂《うわさ》が高まってきた。朝廷から入京の要請があったのか、空海は和泉《いずみ》の槇尾山寺《まきのおさんじ》に入り、大同四年（八〇九）七月に京都へ入った。帰洛《きらく》後は高雄山寺《たかおさんじ》を拠点とした。

唐で流行している密教という最新仏教を会得《えとく》した空海の評判は急激に高まり、天台宗の開祖で著名な最澄も空海に経典の閲覧を請い《こ》、嵯峨天皇も高雄山寺に使いを送るほどになった。空海は「春に種を播《ま》かなければ、どうして秋に実を得ることができようか」(『秘蔵宝鑰《ひぞうほうやく》』)と述べているが、まさに唐での努力が実を結んだといえるだろう。

密教が流行した理由と、空海が残したもの

ところで、空海が日本に初めてもたらした密教という教えは、どんなものなのか。

一言で説明するのはきわめて難しいが、簡単にいえば、それまでの仏教は南都六宗《なんとろくしゅう》に代表するような鎮護《ちんご》国家を最優先する教えだった。仏教には世の中を平和にする力が備わっており、仏教を盛んにすることで国家は安泰になるという考え方だ。だから諸宗の僧侶たちは、経典を読むことによって、ひたすら国家の平安を願った。

対して密教は、口伝《くでん》された真言(仏の秘密の言葉)を唱え、仏の力を信者に与える加持祈禱《かじきとう》によって、現世での各人の願いをかなえるというものであっ

た。国家の安泰だけではなく、個人の幸福を願うという新しい教えが含まれていた。だからこそ、現世利益《げんぜりやく》を求める貴族の間でたちまち大流行していったのである。朝廷は東大寺に灌頂道場の設立を許し、平城《へいぜい》上皇や最澄（天台宗の開祖）も空海を導師として灌頂を受けるほどになった。

灌頂とは、人間が大日如来（密教でいう最高の仏であり、宇宙そのもの）と一体化し、そのまま自分が仏になる儀式でもある。

その後、嵯峨天皇は密教の道場として空海に東寺《とうじ》（教王《きょうおう》護国寺）を与えた。この寺はもともと桓武《かんむ》天皇が平安京の鎮護のために創建したものであった。すでに金堂《こんどう》には薬師《やくし》如来が本尊として安置されていたので、空海は講堂に立体曼荼羅をつくることを決意する。

通常絵画として表現される曼荼羅を、空海は仏像で表現することを思い立ったのだ。完成したのは空海の死後になったが、大日如来を中心に五智如来、五菩薩、五明王《みょうおう》、四天王《してんのう》に帝釈天《たいしゃくてん》と梵天《ぼんてん》を加え二十一体で構成された「立体曼荼羅」はまさに壮観である。

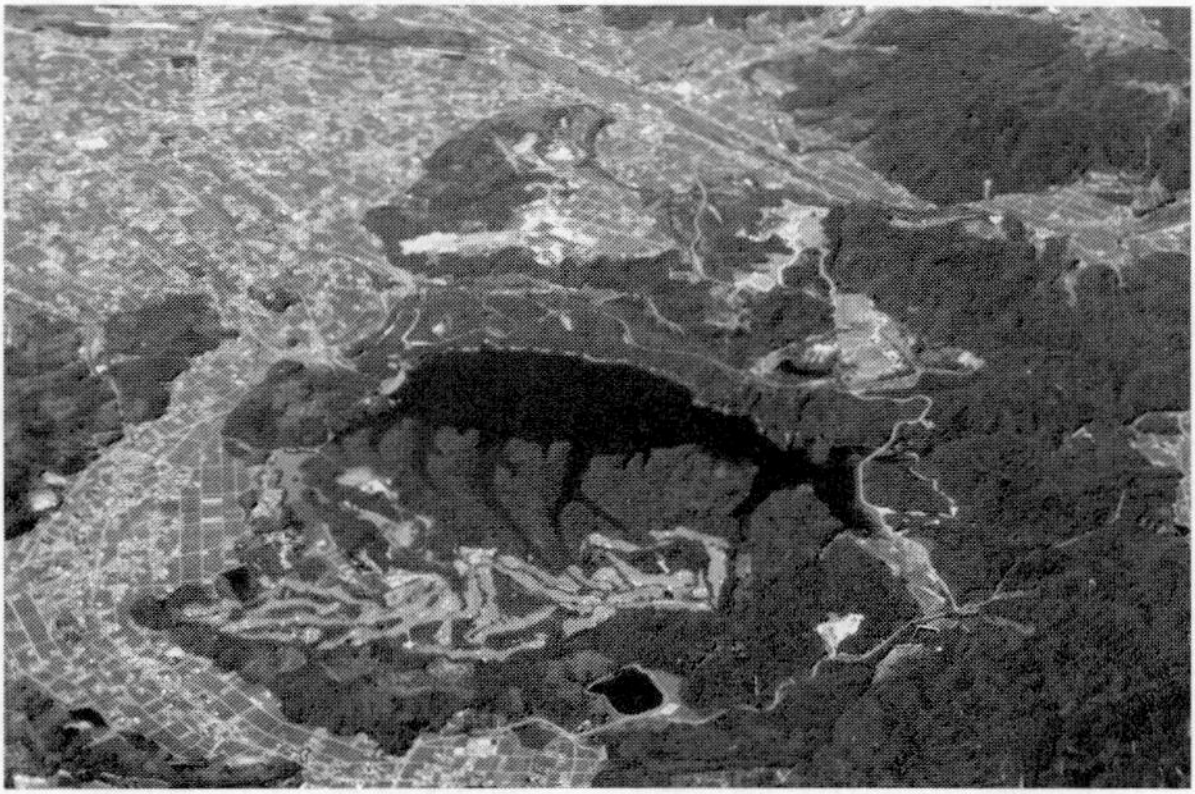
満濃池

いずれにせよ、密教を引っさげて帰国した空海は、一躍時代の寵児《ちようじ》となった。ただ空海のもたらしたものは密教だけではなかった。すぐれた土木技術も学んだようで、現在、空海が開いたという伝承を持つ灌漑《かんがい》施設や溜め池は五百以上存在する。そのうち確実な業績として讃岐の満濃池《まんのういけ》（溜め池）がある。

弘仁十二年（八二一）、三年前に豪雨によって決壊して死者を出した満濃池の修築工事を担当したのだ。堤防全体をアーチ型にして水圧を分散させたり、堤防脇に小さな穴を穿《うが》ち、余水を排出するなど、当時としては最新の技術がほどこされた。

さらに綜芸種智院《しゅげいしゅちいん》と称する教育施設もつくっている。この学校は、学ぶところのない貧しい庶民にも開放された。身分に関係なく門戸を開いた学校としては、日本で初めてのものだといえる。綜芸種智院では、仏教以外にもさまざまな学問を教えたといわれる。

さらに特筆すべきは、空海の書のすばらしさであろう。

空海は能筆家として知られ、嵯峨天皇、橘逸勢《たちばなのはやなり》とともに三筆《さんぴつ》と呼ばれている。

「弘法《こうぼう》、筆を選ばす」とか「弘法も筆の誤り」という慣用句は有名だろう。

一説によれば、唐の皇帝に求められ、手足と口にあわせて五本の筆をはさみ、同時に五行の詩を書いたという伝説も残っている。そんな空海が、あるとき平安京の「応天門《おうてんもん》」の額を書いたのだが、いざ額を門に掲げてみると、なんと、点が一つ足りなかった。これを知った空海は、墨をつけた大きな筆を下から放り上げ、見事、そこに点を書き加えたという。この逸話が「弘法も筆の誤り」ということわざの元になったのである。

空海の代表的な筆跡は『風信帖《ふうしんじょう》』だ。これは、最澄に与えた書簡であり、三通が繋《つな》がって巻物になっている。かつては五通あったのだが、一通は盗難に遭い、さらにもう一通は、関白の豊臣秀次《ひでつぐ》が欲しがったので、彼に与えてしまったと伝えられる。

当初『風信帖』は、最澄が開いた天台宗の比叡山延暦寺に保管されていたが、今は空海ゆかりの東寺に所蔵されている。その名称の由来は、一通目の手紙が「風信雲書自天翔臨《ふうしんうんしょてんよりしょうりんす》……」という文字ではじまることにある。

このように、真言宗の開祖・空海は、天台宗を創始した最澄と親密な関係を結んだのだが、先述のとおり、最澄の弟子が空海のもとへ走ってしまったことや経典の貸借問題がこじれて、絶交してしまった。

藤原道長も平清盛も、空海と対面した？

さて、高野山を開基し、密教の修行場とした空海は、山全体を曼荼羅にしようという壮大な計画を立て、晩年は東寺を離れて高野山で過ごすようになる。

そして承和《じょうわ》二年（八三五）に六十二年の生涯を閉じることになる。

ただ、自然死ではない。空海は五十六億七千万年後に弥勒《みろく》菩薩が現れるまで、人びとを救おうと決意をして十穀を断ち、三月二十一日の寅《とら》の刻を入定《にゅうじょう》のときと定めたのである。そして、その一週間前から御住房中院《ごじゅうぼうちゅういん》の一室において一切の食を断って身体を清め、結跏趺坐《けっかふざ》して瞑想《めいそう》にふけった。そして入定から五十日目、弟子たちは奥之院《おくのいん》の窟（御廟《ごびょう》）に空海を納めたのである。

それから約千二百年の月日が過ぎたが、今でも空海のもとには毎日二回食事が運ばれている。さらに毎年三月二十一日には御衣替《おころもがえ》の儀式といって、空海の服を取り替える儀式がある。

この儀式は、空海の入定八十三年後の延喜《えんぎ》十八年（九一八）にはじまったものだ。高野山の僧侶たちが朝廷に対し、空海に大師号を賜《たまわ》りたいと依願《いがん》したが、はじめ勅許が下りなかった。

ところがその夜、醍醐《だいご》天皇の夢に空海が出てきて、「私の衣服が朽ちてしまったので、願わくば新しいものを頂戴したい」と告げたのである。驚いた天皇は、檜皮色《ひわだいろ》の御衣《みころも》を与えるとともに「弘法大師」という諡号《しごう》を贈ったといわれる。

なお、真言宗の高僧・観賢僧正《かんげんそうじょう》は、天皇から下賜された衣を空海に奉《たてまつ》るため、高野山に入って、奥之院の御廟前で礼拝し、弟子の淳祐《じゅんゆう》に御衣を持たせて窟の扉を開かせたが、空海の姿を拝することができない。そこで必死に祈ったところ、にわかに空海が御姿を現わし、御衣を取り替えることができたという。このとき淳祐は、空海の肌のぬくもりを感じたといわれる。

平安時代半ばになると高野山は衰退してしまうが、摂関《せっかん》政治をおこなった朝廷の権力者・藤原道長が参拝したとき空海の姿を見ている。窟内にいる空海は、髪の毛も青々としていて服も美しく、弥勒菩薩が現れるのをひたすら待っているように思えたといい、「ありがたや　高野のやまの岩かげに　大師は今もおまわしますなる」という歌を詠《よ》んだ。

このエピソードが広まって高貴な貴族たちが続々と高野山を訪れるようになり、高野山は次第に活気を取り戻していったのである。

空海に会った権力者は藤原道長だけではない。平清盛も対面したと伝えられる。

高野山の根本大塔《だいとう》が雷で焼失してしまったので、清盛が中心になってその再建をにない、保元《ほうげん》元年（一一五六）に落成した。落成式に訪れた清盛が根本大塔を拝すると、桜樹の下に突然老僧が現れたのである。老僧は塔の再建を喜び、安芸《あき》国の厳島《いつくしま》神社の修築をすれば栄達できると述べ、姿を消したという。このとき清盛は、その老僧が空海だと確信したと伝えられる。なお高野山には根本大塔の再建のとき、清盛が自分の血を絵の具に混ぜて描かせた「血曼荼羅」を奉納したといわれ、実物が現存する。「空海は、いまだ高野山で生きている」人びとは昔からそう信じ、それが現代に至っているのである。

第六章

平清盛はなぜ、蓮華王院本堂（三十三間堂）創建を支援したか

後白河法皇が清盛を頼りにした理由

平安時代末期には熊野詣《くまのもうで》が大流行した。熊野詣とは、紀伊《きい》国（和歌山県）の熊野三山（本宮大社《ほんぐうたいしゃ》、速玉《はやたま》大社、那智《なち》大社）へ参詣《さんけい》することをいう。京都から熊野までは往復六百六十キロの道程であるが、後白河《ごしらかわ》法皇は三十四回も熊野へ出向いている。

後白河が編纂《へんさん》した今様《いまよう》（現代でいう流行歌のようなもの）の歌集『梁塵秘《りょうじんひ》抄《しょう》』には、熊野詣に関する今様がいくつも載っている。

その一つに「熊野へ参らんと思えども、徒歩《かち》より参れば道遠し　すぐれて山峻《きび》し　馬にて参れば苦行ならず　空より参らん　羽賜《はねた》べ若王子《にゃくおうじ》」というものがある。

現代語に訳せば「熊野へ行こうと思うが、歩いていけば遠いし、山は非常に険しい。ただ、馬に乗ってしまっては仏教の修行にならない。ならば、いっそ空から参ろうか。どうか翼をください、熊野三山の祭神である若王子よ」という意味になる。

もちろん当時は車や電車、ましてや飛行機などないから、京都からの遠距離を後白河は徒歩や輿《こし》で熊野まで行ったのである。それにしても三十四回とは驚きである。いかに彼が熊野を崇拝《すうはい》していたかがよくわかる。

応保《おうほう》二年（一一六二）正月、後白河がそんな熊野へ出向いたさい、千手観音《せんじゅかんのん》経《きょう》千巻を誦《じゅ》していると、パッと前面にあるご神体の鏡が輝いたように見えた。

それを目にしたとき、後白河は「この現象は奇瑞《きずい》に違いない」と信じ、読んでいたお経にちなんで壮麗な観音堂を自分の邸宅の敷地につくろうと考えたといわれる。

ちょうどその前年、後白河法皇は、藤原為光《ためみつ》が創建した法住寺《ほうじゅうじ》一帯（十余町）に住するようになっていた。隣接する地域は六波羅《ろくはら》といって、平清盛ら平氏一門の屋敷が林立しているところだ。たぶん後白河は、軍事力として頼りにしていた平氏の近くに住むことにしたのだと思われる。

ただ、奇瑞に感激して自分の敷地に観音堂をつくりはじめたはいいが、長寛《ちょうかん》二年（一一六四）に資金不足のため、造営計画が頓挫《とんざ》しそうになった。

そんなとき、造営を支援してくれたのが平清盛であった。清盛は備前《びぜん》国の知《ち》行《ぎょう》国主《こくしゅ》であったが、同国からの収益を観音堂の造営費にあててやったのである。

じつは、後白河の父・鳥羽《とば》法皇も得長寿院《とくちょうじゅいん》という千体観音堂を創建しているが、このとき資金を提供したのは、清盛の父である忠盛《ただもり》だった。おそらく、それを知っていた後白河が、清盛に援助を頼み込んだのだろう。

日本史の教科書では、後白河法皇が平氏打倒を企《たくら》んだ鹿ヶ谷《ししがたに》の陰謀の黒幕だったとか、清盛は安徳《あんとく》天皇の外戚《がいせき》になると、後白河を幽閉《ゆうへい》して平氏政権を樹立したなどと記されているので、さぞやこの二人は仲が悪かったと勘違いする人もいる。

しかし、それは大きな誤りである。清盛は後白河の院政下で、その軍事力として重用《ちょうよう》され、栄達を重ねていったのである。当然、栄達のために後白河に対して、さまざまなご機嫌取りもしてきた。

後白河法皇を宋人に会わせた清盛の思惑

たとえば嘉応《かおう》二年（一一七〇）九月には、後白河法皇を大輪田泊《おおわだのとまり》（神戸市）に招いて宋人《そう》（中国人）と対面させている。

後白河は下賤《げせん》の者たちにも平然と声をかけたり、祭りに飛び入り参加するなど、極めて好奇心の強い男だった。だから、めったに見ることができない外国人にも強い興味を示すと清盛は思ったのだろう。記録にはないが、きっと後白河も大いに喜んだはず。

これより数年前、清盛は表面上政界を引退し、福原《ふくはら》に山荘をもうけ、近くの大輪田泊を修築して宋船を招き入れ、盛んに貿易をしていた。だから大輪田泊には、ときおり宋人が姿を見せるようになっていた。

当時、貴族のあいだで唐物《からもの》（中国製品）は珍重されたが、外国人は賤《いや》しいと認識されるようになっていた。だから宋人に会うという後白河の行為に対し、右大臣の九条兼実《くじょうかねざね》などは、その日記『玉葉《ぎょくよう》』で「未曽有《みぞう》のことで、天魔の所業だ」と強く非難している。

翌承安《じょうあん》元年（一一七一）七月、平清盛は後白河法皇に羊五頭と麝香鹿《じゃこうじか》一頭を贈った。羊や麝香鹿は、宋船で中国から届いた外来の動物だった。きっと後白河はこの珍獣の提供に大いに喜んだものと思われる。

当時の清盛は、自分の娘・徳子《とくこ》を高倉《たかくら》天皇に入内《じゅだい》させたいと考えており、後白河の歓心を買おうとしていた。このプレゼントもその一環だったと思われる。

羊二頭はまもなく死んだが、同年十月、まだ生きていた羊三頭が清盛に返却された。プレゼントを返すなどずいぶん失礼な話だが、それには理由があった。

京都に羊が入ってからまもなく疫病《えきびょう》が発生し、多くの者が罹患《りかん》して苦しみはじめたのである。当時は、外国の動物が病気を流行させるという考えがあり、貴族たちは「病《やまい》は羊が持ち込んだものに違いない」と騒ぎだしたので、結局、都から羊を追い出すことになったわけだ。

ともあれ、こうして清盛の支援を受けていた後白河が長寛二年（一一六四）

三十三間堂（『都名所之内 三十三間堂後堂之図』、国立国会図書館所蔵）

に創建したのが、蓮華王院《れんげおういん》本堂である。

本堂内には、千体もの観音像が安置されており、その形状から三十三間《さんじゅうさんげん》堂《どう》と呼ばれるようになった。現在も修学旅行のメッカだ。きっと中学生か高校生のとき、修学旅行で訪れた人も多いはず。

現在の本堂は鎌倉時代に再建されたものだが、京都を代表する古建築である。

ちなみに堂の落慶供養《らっけいくよう》では、後白河上皇が現地まで行幸《ぎょうこう》している。のちに後白河は、建設に貢献したということで、清盛の嫡男《ちゃくなん》の重盛《しげもり》を正三位《しょうさんみ》に叙《じょ》している。

その後、三十三間堂には、建春門院《けんしゅんもんいん》（清盛の妻）の発願《ほつがん》によって最勝光院《さいしょうこういん》や法華堂《ほっけどう》がつくられ、次いで五重塔まで建てられた。

ところが建長《けんちょう》元年（一二四九）、三十三間堂をはじめ、諸堂は焼失してしまった。そんなわけで、現在の三十三間堂は創建当時のものではなく、文永《ぶんえい》三年（一二六六）に再建された建物なのである。

このとき、千体の仏像も大半が燃えてしまったが、その一部についてはなんとか持ち出すことができ、現在も百二十四体が当初のものだという。

第七章

なぜ興福寺は強訴し、なぜ南都焼き打ちが起きたのか

強訴と武士の関係とは？

興福寺《こうふくじ》といえば、とくに美しい阿修羅《あしゅら》像がよく知られている寺院だが、平安時代には強訴《ごうそ》を繰り返し、朝廷にとってはまことに悩ましい存在であった。

この強訴は、武士の台頭を語る上で欠くことのできない要素であり、本章では強訴と武士の関係を解き明かすとともに、平清盛による福原遷都《ふくはらせんと》の背景、南都《なんと》焼き打ちをおこなった平重衡《しげひら》の実像、そして明治維新期の興福寺の意外な動きについて語ってみたい。

興福寺は、大化改新をすすめた藤原鎌足《かまたり》が病気になったとき、妻の鏡《かがみ》女王がその平癒《へいゆ》を願って山背国《やましろのくに》（京都府）山階《やましな》に建てた山階寺をはじまりとする。

その後、大和国《やまとのくに》（奈良県）高市《たかいち》郡に移って厩坂寺《うまやさかでら》と呼ばれ、さらに平城京に遷都するとき、朝廷の実力者である藤原不比等《ふひと》が現在地に遷《うつ》して興福寺と呼ばれるようになった。

このように藤原氏の氏寺《うじでら》からスタートした興福寺だが、やがて国の大寺《だいじ》（国

南円堂（『南都八景 南円堂の藤』、国立国会図書館所蔵）

家の寺）として朝廷から経済的な支援を受けるようになった。もちろん藤原氏も篤《あつ》く崇敬しており、平安時代初期に活躍した北家《ほっけ》の藤原冬嗣《ふゆつぐ》は、興福寺に南円堂《なんえんどう》を寄進している。なお、それがきっかけで冬嗣は栄達し、同家がのちに摂関家《せっかんけ》に発展することになったという言い伝えも残る。

　平安時代に入ってからは、国家から与えられた広大な領地、さらに莫大な荘園《しょうえん》（私有地）を有し、院政期になると、強大な軍事力も有するようになった。興福寺の軍事力と聞くと、下層の僧侶たちを中心とした僧兵《そうへい》（衆徒《しゅと》）をイメージすると思うが、泉谷康夫《いずみややすお》氏の研究書『興福寺』（吉川弘文館）などによれば、興福寺の僧侶や僧兵たちを輩出している在地土豪《どごう》の一族、つまり俗人のほうが圧倒的に多かったことがわかっている。

興福寺の僧侶（大衆《だいしゅ》）たちは、意に沿わないことがあれば、大挙して都へ押しかけ、自分たちの要求を朝廷にのませようとした。これを強訴と呼んだ。

強訴は、その手順が決まっている。まず寺内の大衆たちで集まって強訴の可否を決める（満山集会《まんざんしゅうえ》）。そこで強訴が決定すれば、春日《かすが》神社のご神体（鏡）から神を榊《さかき》へ遷してご神木とし、それを興福寺の金堂《こんどう》に遷座《せんざ》する。

春日神社は、興福寺に隣接する藤原氏の氏社《うじやしろ》である。もともと別々の存在だったが、長い間かけて興福寺が春日神社を支配下におくようになり、この時期は一体化していた。

さて、興福寺の大衆たちだが、彼らは大挙して春日神社の神木をかかげて宇《う》治《じ》の平等院《びょうどういん》へ入り、朝廷と交渉をおこなう。それでも聞き入れられない場合は、今度は宇治川を渡って京都の市街地へ乱入し、勧学院《かんがくいん》や法成寺《ほうじょうじ》など特定の寺院に神木を安置した。そして再び朝廷と交渉に入るが、決着をみないときは、そのまま神木を放置して大衆は奈良へと引き上げてしまうのだ。

このような状況になると、興福寺と春日神社の檀家《だんか》・氏子《うじこ》である藤原氏の貴族たちは、みな自宅に謹慎しなくてはいけなくなる。仏罰《ぶつばち》や神の怒りを恐れているからだ。また他の人びとも恐れ多くて勝手に神木を移動させることができず、政治は麻痺《まひ》状態に陥ってしまうのである。

だからたいていは興福寺の要求は通ってしまうことになる。なんとも馬鹿げた話だが、神や仏が絶大な力を誇っていた当時、人びとはこれに逆らえなかったのだ。

そんなわけで興福寺の僧兵が入ってこられないように宇治橋を破壊するという苦肉の策をとる場合もあった。

そうしたなかで、例外的に僧兵を恐れない階層が存在した。それが、武士である。武士は戦って人を殺《あや》めたり傷つけたりする宿命を持ち、そういった意味では仏教的には救われない存在だ。だから一部の武士のなかには、仏罰を恐れない者もあった。

白河《しらかわ》法皇の治世下の永久《えいきゅう》元年（一一一三）、清水寺《きよみずでら》の別当《べっとう》を誰にするかをめぐって興福寺と延暦寺が激しく対立し、朝廷への強訴が繰り返されたことがある（永久の強訴）。

このとき摂政《せっしょう》の藤原忠実《ただざね》は、部下の藤原惟信《これのぶ》を遣《つか》わして興福寺の僧兵たちを説得させたが失敗してしまう。そこで法皇や忠実は、興福寺の強訴を防ぐため、宇治へ平正盛《まさもり》・忠盛《ただもり》父子らを配置した。

やがて大挙して僧兵がやってきたが、このおり春日神社の神の使いとされる鹿が現れた。すると武士たちは、これを平然と射殺そうとしたのである。仰天《ぎょうてん》した僧兵たちは大混乱を来《きた》し、偶発的に合戦が起こって興福寺の僧兵三十余人が射殺された。

平然と神の使いに武器を向け、僧侶を殺害する武士の存在は、興福寺や延暦寺など僧兵を多数抱《かか》える大寺院にとって大きな脅威《きょうい》となった。逆に、皇族や貴族にとっては頼れる存在となり、結果、武士の政治的発言力を増大させる一因となっていった。

なお、武士が僧兵をおさえるようになったといっても、強訴がやんだわけではない。

摂政の藤原忠通《ただみち》（忠実の子）は天養《てんよう》元年（一一四四）に大和国の知行国主《ちぎようこくしゅ》となり、国司《こくし》に部下の源清忠を任命した。清忠は、興福寺の寺領も検地しようとしたので、興福寺はこれに反発。それでも清忠が強行しようとすると、ついに興福寺の衆徒は蜂起《ほうき》し、内大臣の藤原頼長《よりなが》（忠通の弟）に清忠の流罪《るざい》を要求している。

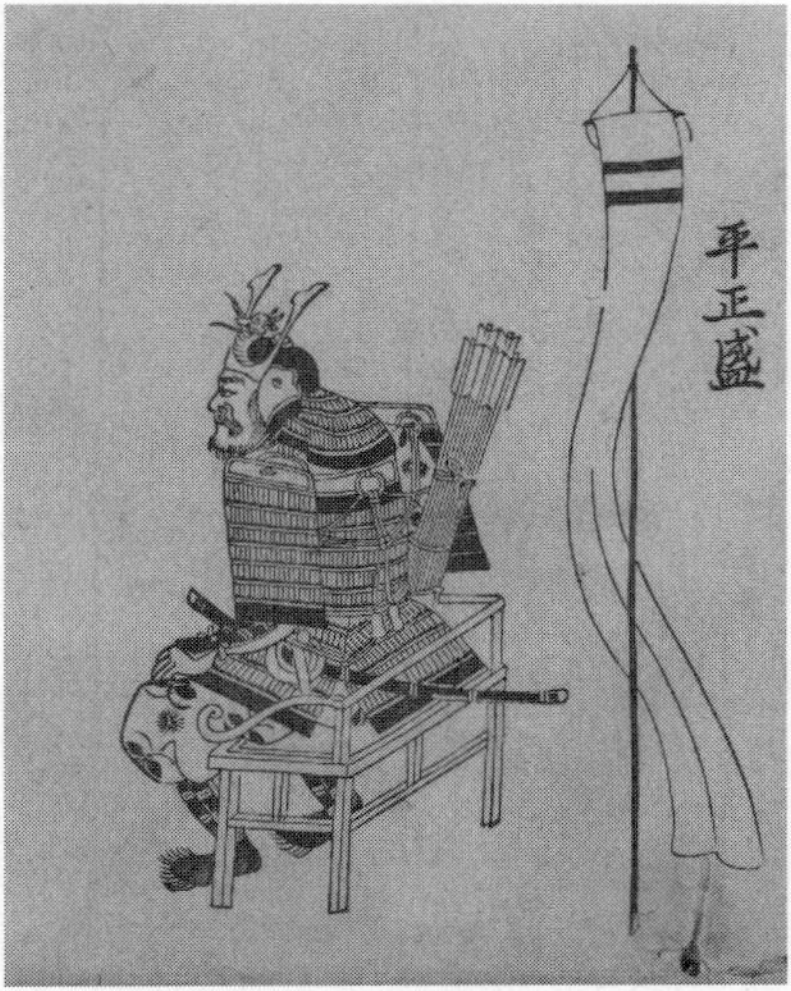

平正盛（『本朝百将伝』、国立国会図書館所蔵）

結果、翌年になると忠通の知行国は石見《いわみ》国に変更となり、清忠も石見国の国司へ転じることになってしまった。摂関家といえども、興福寺にはかなわなかったのである。

興福寺は、強訴というこけおどしのためだけに軍事力を有しているわけではない。周辺寺院との勢力争いにも動員しており、時には僧侶でありながら戒律《かいりつ》を破って、家を焼き人を殺めることもあった。たとえば十三重の塔で有名な談山《たんざん》神社は、かつては多武峯妙楽寺《とうのみねみようらくじ》という大寺院であった。興福寺は、同じ大和国にあるこの同寺とたびたび争ってきたが、天仁《てんにん》元年（一一〇八）には大挙して同寺へ攻め寄せ、在家の家を含めて諸堂をことごとく焼き払っている。

清盛の福原遷都の陰に、寺院の連携が……

だが、そんな興福寺に災難がふりかかる。治承《じしよう》四年（一一八〇）、以仁王《もちひとおう》（後白河《ごしらかわ》法皇の皇子）は源頼政《よりまさ》に奉じられて平氏打倒の兵をあげた。同年五月、平清盛はこれを難なく打ち破ったが、反乱軍に園城寺《おんじようじ》や興福寺の僧兵、さらにはごく一部だが比叡山延暦寺の悪僧などが含まれていたことに衝撃を受けた。

いま述べたように僧兵たちは朝廷や院に強訴しては天皇や上皇を悩ませてきたが、三寺院は互いに対立していた。だから清盛は、延暦寺と妥協しながら、興福寺と敵対するなど、その関係をうまく利用してきた。

しかし今回、大きな軍事力を擁《よう》する三寺院が連携したことで、このまま京都に安徳《あんとく》天皇（清盛の孫）を置いておくことは危険だと考えるようになった。

そこで五月後半に入ると、清盛はなんと、平安京を捨てて福原《ふくはら》（神戸市）へ遷都することを決意したのである。四百年ぶりに都を遷すことになるわけだ。

その噂《うわさ》は、貴族たちの間に広まりはじめ、大いに不安を煽《あお》った。

平家一門の多くも、この決定には批判的であった。そこで平宗盛《むねもり》（清盛の子）と高倉《たかくら》上皇は「奈良の興福寺を消滅させてしまえば、清盛の遷都の決意も揺らぐだろう」と考え、朝廷で興福寺の討伐を議決してしまおうと考えた。

こうして宗盛らの意を受けた藤原隆季《たかすえ》らが、公卿《くぎょう》たちの議定《ぎじょう》（会議）の場で強硬な意見を述べたが、結局、興福寺討伐案は否決されてしまった。

このため六月二日午前六時、にわかに遷都が断行された。数千騎の武者たちが二列に分かれて皇族や貴族、役人たちを護衛しながら京都の地を後にした。安徳天皇、高倉上皇、後白河法皇の姿もあった。三種の神器《じんぎ》なども運ばれており、一時避難的な措置ではないことがわかる。人びとは鳥羽《とば》から淀川《よどがわ》に出て、船で河口近くまで行き、摂津国大物《せっつのくにだいもつ》付近で一泊して海路で福原に到着した。

この遷都について九条兼実《くじょうかねざね》は、「貴賤《きせん》、仰天をもって事となす。ただ天魔、朝家《ちょうか》(皇室)を滅ぼさんと謀《はか》る。悲しむべし。悲しむべし」(『玉葉《ぎょくよう》』)と大いに悲嘆している。

だが、この兼実は遷都に際し、高倉上皇や清盛に、自分も同行すべきかどうか尋ねている。すると高倉には「それは清盛殿が決めるから知らない」と冷たくあしらわれ、清盛も「ついてきても宿舎がないので、そのうち連絡する」と突き放している。

じつは、安徳天皇に同行して遷都した人数はそれほど多くない。人選はすべて清盛が決め、平安京を離れたのは皇族と平家一門、平家派の公卿や貴族、役人にかぎられていたようだ。それでも、平安京から遷都してきた人びとを福原の家々では収容することができず、泊まる場所もなく路上に座す人びともいたという。

これは、清盛がにわかに福原遷都を思い立った証拠であろう。

福原の地は、現在の神戸市の兵庫区・中央区付近である。清盛の時代は、摂津国八部郡《やたべ》の一部であり、さまざまな荘園がこの地域に含まれていたが、清盛が巧みに次々と領有していった。

清盛は、隠居の地としてこの福原に山荘（現在の兵庫区平野あたり）を建てて住んだ。引退後の清盛は宋《そう》との貿易に熱心で、ここから二・五キロ離れた場所には大輪田泊《おおわだのとまり》があったが、この港を大規模に修築して宋船を招き入れ、交易を盛んに展開するようになっていく。

そんなこともあり、清盛がこの港を見下ろす福原の高台の地に山荘をもうけたのだといわれている。やがて清盛の山荘の周囲には、平家一門の屋敷が次々と建設されていったという。

しかし、残念ながら、当時の記録は少なく、遺物も全く残っていないため、福原京の実態はよくわからない。だから学者の間でも、意見が統一されていない。

たとえば、福原には皇居をつくっただけで、条坊《じょうぼう》による都市を整備する計画ははじめからなかったとか、山陽道《さんようどう》を朱雀大路《すざくおおじ》に見立てて大輪田泊近辺の輪田《わだ》（和田）に都をつくろうとしたとか、輪田に加え福原を含む大規模な都市計画だったなど、さまざまな説がある。そういった意味では、福原京は幻の都といえるのである。

ちなみに、都として使用されたのも本当にごくわずかな期間であった。六月に遷都が断行されたものの、十一月末には京都に都を戻しているのだ。

ただ、福原京から平安京へ還都するにあたり、平清盛は、これまでずっと全面対決を避けてきた僧兵をこのまま放置しておくことは難しいと思った。すでに延暦寺、園城寺、興福寺の僧兵たちは、各地の反乱軍に呼応して攪乱《かくらん》行動に出ていた。当然、京都に乱入してくる怖れもあった。

だから清盛は、京都に戻ってきたとき、自分たちの身の安全をはかるため、源氏と連携しそうな敵対勢力を断固一掃しようと決意したのである。

治承四年（一一八〇）十一月末に都に戻ってきた清盛は、十二月十一日、まずは僧兵を多く抱える近江《おうみ》の園城寺の焼き打ちを断行すべく、追討軍として平清房《きよふさ》（清盛の八男）を派遣した。こうして園城寺が灰燼《かいじん》に帰すと、いよいよ南都（奈良）の興福寺と東大寺を焼き払うべく、十二月二十五日に息子の平重衡を差し向けたのだった。

二十八日、木津川《きづがわ》から奈良坂《ならざか》と般若寺《はんにゃじ》坂を通って平家軍が南都に乱入した。日頃、集団で強訴しては清盛を苦しめていた僧兵たちだったが、実際の戦闘経験はほとんどなく、プロの戦闘集団だった武士にあっけなく敗北していった。

重衡は当初の予定どおり、部下に命じて次々と堂舎に火をかけさせた。金堂や講堂、塔、北円堂《ほくえんどう》や南円堂など、まさに国宝級の建物が、たちまち紅蓮《ぐれん》の焔《ほのお》に包まれていった。また、貴重な仏像や経典《きようてん》もどんどんと灰になっていった。

これまで代々守られてきた国の宝が、このように一瞬でこの世から消えてしまうのは、何とも惜《お》しいことであった。かくして興福寺の堂舎三十八が焼け落ち、残った建物は、わずか小坊二つだけだったと伝えられる。

さらに東大寺でも、大仏殿や南大門《なんだいもん》などほとんどの堂舎が燃えてしまった。ただ、正倉院《しようそういん》だけは奇跡的に残った。

なお、そうした紅蓮の焔のなかで、僧兵たちは次々と武士に殺害されていった。『平家物語』によれば、千人が討ち死にし、三千五百人が焼死したというが、実際の人数はもっと少なかったようだ。けれど見せしめとして、僧兵三十人の首級が都に持ち込まれ、晒《さら》し首となった。

このような所業は前代未聞のことであり、都の人びとにあらためて平清盛の恐ろしさを実感させるとともに、密《ひそ》かに憎悪《ぞうお》させることになった。

平重衡の知られざる実像

興福寺を焼き打ちした平重衡は、清盛の五男として保元《ほうげん》二年（一一五七）に生まれた。母親は、兄の宗盛《むねもり》・知盛《とももり》と同じく時子《ときこ》であった。

重衡というと、南都焼き打ちをしたことから極悪非道な印象を受けてしまうが、それは大きな誤りである。

清盛はこの息子を宮中に食い込ませようと考えたらしく、重衡は皇后に関する役所である中宮職《ちゆうぐうしき》の亮《すけ》（次官）をつとめたり、高倉天皇の秘書官長である蔵人頭《くろうどのとう》に就いている。皇后の徳子《とくこ》が出産したときも立ち会い、皇子が生まれたと知るや、いち早く御簾《みす》から出てきて「安産です。皇子が誕生しました」と大きな声で触れ回った。これを聞いた清盛は、歓びのあまり号泣《ごうきゆう》したと伝えられる。なお、生まれた言仁《ときひと》親王（安徳天皇）には乳母《うば》がつけられたが、その乳母には重衡の妻・輔子《すけこ》（大納言藤原邦綱《くにつな》の娘）が任じられた。そんなこともあって、重衡は諸儀式において安徳天皇の補佐もになうことになった。

高倉天皇が上皇になったさいは、院庁《いんのちょう》（院政をおこなう役所）の別当（長官）となった。高倉天皇とは年も近く、たいへん仲が良かったようだ。

一説には、重衡が「盗賊のふりをして中宮の局《つぼね》に押し入り、女官たちの服を奪って驚かせましょう」と高倉天皇や平氏一門に提案し、このイタズラを天皇がひどく喜んだため、実行することに決まり、天皇が中宮の局へ渡ったのに付いていき、女官たちから衣服をはぎとり、翌朝、盗賊から取り戻したと言って、彼女たちに服を返したとされる。

平重衡（『武者かゞ美 一名人相合 南伝二』、国立国会図書館所蔵）

なんとも茶目っ気があ

る男なのである。美男子で、とても快活だったこともあり、宮中の女房連中にモテモテだったようだ。

炭櫃《すびつ》（火鉢）を囲んで数人の女房がおしゃべりしているところに平然と入り込み、一緒に楽しく語り合い、女たちをよく笑わせたり、オカルト話をして怖がらせたりしたという。

また、『建礼門院《けんれいもんいん》右《う》京《きようの》大夫《だいぶ》集《しゆう》』には、他人のために動いてくれる親切な男だったと記されている。

そんな優しい性格でオーラのあるイケメン平重衡のことを、源頼朝の側近・中原親能《なかはらちかよし》は、「牡丹《ぼたん》の花」にたとえている。いっぽうで重衡は、「武勇に堪《た》ふるの器量」（『玉葉』）と同時代の人間の評価にあるように、武人としてもすぐれており、幾多の合戦に臨んで負け知らずだった。

治承五年（一一八一）閏《うるう》二月四日に平清盛が急死するが、動揺する平氏軍を率《ひき》いて十日後に美濃《みの》国に向かった重衡は、四月、墨俣川《すのまたがわ》の戦いで見事、源行家《ゆきいえ》と義円《ぎえん》が率いる源氏軍を撃破した。このとき重衡の部下が奪った首は二百を超え、全平氏軍をあわせると四百近くの敵を倒したのである。

だが、清盛の死によって急速に弱体化した平氏は、とうとう都落ちの日を迎える。この大移動を取り仕切ったのは、重衡だったと伝えられる。

しかし、一ノ谷《いちのたに》合戦のさい、奇襲攻撃を受けた平氏軍は壊滅的打撃を受ける。さすがの重衡も逃亡をはかるが、馬を射られてしまう。だがこのようなときのために、郎党《ろうとう》が乗替馬を所有していた。重衡の乗替馬は、乳母子《めのとご》である後藤兵衛盛長《とうびょうえもりなが》が引いていた。

ところがなんと、この主君の絶体絶命の危機に、盛長は己《おのれ》の命ほしさに、重衡を見捨てて乗替馬にまたがり逃げてしまったのである。かくして武運の尽きた重衡は、源氏軍の捕虜《ほりょ》となり、京都に引き戻されて土肥実平《どひさねひら》のもとに幽閉《ゆうへい》された。後白河法皇は、重衡の身柄を引き渡すかわりに三種の神器を返還するよう平宗盛と交渉した。結局、交渉はうまくいかず、重衡は梶原景時《かじわらかげとき》に連行されて鎌倉で源頼朝と対面することになった。

このとき重衡は、「武士たる者が敵のために虜《とりこ》になるのは、必ずしも恥辱《ちじょく》とはいえぬ。さあ、早く私を斬れ」と堂々と言い放ったので、その態度を見た頼朝や東国《とうごく》武士たちは感動したといわれる。

頼朝は、重衡を鎌倉で殺害しなかった。南都を焼き打ちした張本人だったため、興福寺や東大寺から強い身柄引き渡し要求が出されており、それに応じて奈良へ送ったのである。

元暦《げんりやく》二年（一一八五）六月二十三日、重衡は木津川の河原において斬首され、その首は奈良坂に晒された。その翌日、妻の輔子は、放置されていた首のない重衡の遺体を引き取って葬ったと伝えられる。享年二十九。快活な青年の哀れな最期《さいご》であった。

明治維新での興福寺の見事な動き

さて、南都焼き打ちにあった興福寺のその後である。このときほとんど諸堂は灰燼に帰してしまったが、その後、順調に復興が進み、鎌倉時代になると、大和国の守護職が与えられ、鎌倉時代後半には完全に一国を支配下におく強大な政治権力となった。

だが、この頃から一乗院《いちじょういん》と大乗院《だいじょういん》という興福寺の院家《いんげ》（大寺院の中にある個別の子院や坊）が内部対立をはじめ、ついには武力衝突に発展。寺勢は一時的に衰えてしまった。

けれど室町時代に再び勢力を回復した。戦国時代には、興福寺の衆徒であった筒井《つつい》氏が台頭して戦国大名に転身していった。しかし三好長慶《みよしながよし》の部下の松永《まつなが》久秀《ひさひで》が筒井順慶《じゅんけい》を大和から駆逐《くちく》。その後、久秀が滅んだこともあり、所領を回復した順慶だったが、次代の定次《さだつぐ》は豊臣秀吉によって転封《てんぽう》させられ、後には豊臣秀長《ひでなが》が入った。

こうしたなかで興福寺は多くの領地を失って衰退していくが、やがて江戸幕府から朱印地《しゅいんち》として寺領（約一万五千石《ごく》）を認められ、どうにか経営的に安定するものの、完全に幕府の奈良奉行《ぶぎょう》の統制下に組み込まれた。

しかし享保《きょうほう》二年（一七一七）の火災によって金堂、南円堂、南大門、鐘楼《しょうろう》など多くの堂宇《どうう》が焼失してしまう。財政難からなかなか再建が進まず、次第に衰退して幕末を迎えたのである。

明治維新のさい、興福寺は消滅した。驚くことに、自ら廃絶を新政府に願い出たのである。じつは幕末から倒幕勢力と結びついていた興福寺は、いち早く神仏分離令が出され、神道《しんとう》を国教化する方針を知っていた。

そこで興福寺僧侶たちは慶応《けいおう》四年（一八六八）四月、全員が復飾願《ふくしょくねがい》を政府に提出したのである。復飾は還俗《げんぞく》と同じ意味で、ようは僧が俗人に戻ることだ。そしてこれが許可されると、全員が神職《しんしょく》になったのだ。当時、興福寺と一体化していた春日社に奉仕することにしたのである。

見事な転身だった。こうして興福寺からは仏教色が取り除かれた。ただ、迷惑だったのは元からの春日社の神職たちであり、これに強く反発して新政府の神祇《じんぎ》事務局が調停に乗り出すほどになった。しかし結局、興福寺側の言い分が認められることになった。

廃寺となった興福寺の境内《けいだい》は明治五年（一八七二）になると、政府の教部省と奈良県の話し合いによって、一部は西大寺《さいだいじ》と唐招提寺《とうしょうだいじ》が管理することにして、あとはすべて没収、破却されることに決まった。

こうして多くの建物が壊され、土塀や門は撤去された。仏具や経典なども焼却されたり、売り払われたりした。五重塔についても、五十円（異説あり）で民間に払い下げられ、金具を回収するため塔に火を放って燃やす予定だったが、近隣から反対が出て取りやめとなったという。

ただ、明治半ばになると、廃仏毀釈《はいぶつきしゃく》の嵐がやみ、仏教の復興運動がはじまり、興福寺の再興を求める声が強くなった。かくして明治十五年(一八八二)、興福寺は法相宗《ほっそうしゅう》の総本山として再興されることになったのである。

第八章

焼け落ちた東大寺は、いかにして再建されたか

再建の責任者となった重源

創建以来、四百年以上も国家を鎮護《ちんご》し続けてきた東大寺《とうだいじ》。それが治承《じしょう》四年（一一八〇）に焼け落ちた。

その後いかにして、東大寺は再建されたのだろうか。本章では、再建に尽力した人物を軸に、その過程を詳しく探ってみたいと思っている。

東大寺は、平清盛の息子・重衡《しげひら》の南都《なんと》焼き打ちによって、興福寺《こうふくじ》とともに建物と仏像のほとんどが焼失してしまった。

重衡は般若寺《はんにゃじ》の門前に本陣を構え、夜になると戦いやすくするため、郎党《ろうとう》に命じて民家に火を付けさせた。この火は強風に煽《あお》られて興福寺の諸堂に燃え移ったといい、『山槐記《さんかいき》』には「東大寺興福寺灰燼《かいじん》トナルト云々《うんぬん》。官兵（平氏軍）ノ所為《しょい》カ悪徒《あくと》ノ所為カ、分明ナラズ」とある。

つまり、僧兵が自ら火を放った可能性も考えられるが、高橋昌明《たかはしまさあき》神戸大学名誉教授は「『悪徒を捕へ搦《から》め、房舎《ぼうしゃ》を焼き払ひ、一宗《いっしゅう》を魔滅《まめつ》（悪魔のようなしわざで滅ぼすこと）すべし』との情報が事前に流れているから（『玉葉《ぎょくよう》』一二月二二日条）、僧徒《そうと》の居住する建物を焼き払うのは、当初からの計画だったらしい」（『平家の群像』岩波新書）と述べている。おそらく園城寺《おんじょうじ》を焼き打ちした前例からいって、強大な僧兵がいる興福寺についてもそうだったのだろう。

ただ、東大寺については興福寺から飛び火して燃えた可能性も否定できない。なお、焼き打ちのさい襲来した平氏の軍勢を恐れるあまり、このとき東大寺大仏殿の二階には、千人近い人びとが避難していた。大仏様の近くなら安全だと信じていたのであろう。しかし、むごいことに彼らは猛火に包まれ、泣き叫びながら焼け死んでいったと伝えられる。

このとき大仏殿の盧舎那《るしやな》大仏は、焼け落ちて頭がドスンと地面に落ち、その体はどろどろに溶けて山のようになってしまった。また、寺内に保管されていた貴重な法相《ほっそう》・三論宗の経典《さんろんしゆうきようてん》もほとんど焼けてしまった。前述したが、『平家物語』は、南都焼き打ちで戦場で戦死した僧は千人、また、犠牲になった人間は三千五百人にのぼったと記す。

翌年の二月二十七日、清盛は激しい頭痛に襲われ、やがて高熱を発した。

『平家物語』によれば、熱に苦しむ清盛を看病していた二位尼《にいのあま》（平時子《ときこ》）が恐ろしい夢を見たという。

燃え上がる車が門に入ってきた。前後を固める者たちは牛や馬のような顔をしている。車の前には「無」と書かれた鉄の札が立っていた。二位尼は「あの車はどこから来たのか」と尋ねると、「閻魔《えんま》の庁から、清盛殿をお迎えに来ました」と答えるではないか。

「ならば、その札は何という札か」とさらに尋ねると、「東大寺の盧舎那大仏を焼き打ちした罪により、清盛殿は無間《むげん》地獄に落ちることが閻魔の庁で決まりましたが、まだ『間』の文字が書かれていないのです」と答えた。

この瞬間、二位尼は汗びっしょりになって目が覚めたという。もちろん事実とは思われないが、「清盛は大仏を焼いた罰で死んだのだ」と当時の人びとは考えていたのである。

東大寺の焼失は、当時の貴族や僧侶、さらには庶民にとって言いようのない衝撃を与えた。人びとは少しでも早く、東大寺を再建したいと願った。

とくに仏教を深く信仰していた後白河法皇はその気持ちが強く、同治承五年

高熱に苦しむ平清盛(『平清盛炎焼病之図』、国立国会図書館所蔵)

(一一八一)六月、「たとえ米一粒、銭半分、寸鉄や細かい木でもかまわない。それを持ってきて東大寺再建に協力しようとする者は永久に福を得るだろう。こうした小さな勧進《かんじん》を積み重ね、みんなの力をあわせて東大寺を再興してもらいたい」という勅《ちょく》を発した。そして六十一歳の重源《ちょうげん》を造東大寺大勧進(再建の最高責任者)に任じたのである。

こうして焼け落ちて一年後、早くも東大寺の再建が本格的にはじまった。

大勧進となった重源は、保安《ほうあん》二年(一一二一)に紀《き》氏一族として京都に生まれ、十三歳のとき仏道に入り、各地を遍歴《へんれき》して修行を重ね、その後、三度にわたる宋《そう》(中国)への渡海経験もあった。

だから「東大寺の巨大な大仏や大仏殿、南大門を復建するには、宋の江南《こうなん》地方に伝わる壮大な建築様式が最適である」と考え、かの地から陳和卿《ちんなけい》などの宋の工人（技術者）を招いて指導にあたらせた。

以後、重源は死ぬまでの二十五年間、東大寺の再建にすべて捧《ささ》げたのである。

残念ながらこの時期に再建された大仏殿は、戦国時代に再び焼失してしまう。ゆえに現在の大仏殿と大仏は江戸時代（元禄《げんろく》期）の再建だが、南大門については再建当初のまま現存している。

南大門の高さは二十五メートルを超え、巨大な円柱に直接穴を開けて肘木《ひじき》を差し込み、その上に斗《と》をのせて屋根を支えるという極めて単純なつくりであり、たった五つの部材が全体の八割近くを占《し》めている。そのため、再建を急ぐ重源にとっては、非常に都合のよい工法といえた。しかも天井を張らない構造なので、見上げると縦横に肘木や貫《ぬき》が走り、その景観はまことに雄大である。

重源がもたらしたこの様式を大仏様《だいぶつよう》と呼ぶが、この大ざっぱさは日本人の好みに合わなかったらしく、重源の死後は残念ながらほとんど廃《すた》れてしまった。

重源はまた、焼失した膨大な仏像の作製を地元奈良の慶派《けいは》の仏師たちに依頼

重源上人像。東大寺再建のための用材伐り出しの地・山口市徳地に立つ

した。

当時の仏師たちのほとんどは、藤原道長に重用《ちょうよう》された定朝《じょうちょう》の流れをくんでいるが、なかでも異彩を放っていたのが、定朝の曽孫康助《こうじょ》の弟子《でし》・康慶《こうけい》を始祖とする、運慶《うんけい》率いる慶派だった。

運慶の作風は非常に写実的で、仏像ながらまるで生きた人間のように肩や胸の筋肉が盛り上がり、太い血管も浮き出ている。そんな運慶ら慶派の代表作が、同派の仏師を大動員してつくった東大寺南大門金剛力士《こんごうりきし》像である。二体の像は、八メートルを超える巨大なものだったが、なんと慶派の仏師は、たった六十九日で両像を完成させたことが、平成の大修理のさいに判明した。

なぜ、西行は奥州藤原氏のもとに派遣されたのか？

文治《ぶんじ》二年（一一八六）、重源は、歌人として有名な西行《さいぎょう》を奥州《おうしゅう》へ派遣している。

前年の文治元年には、どうにか大仏鋳造《ちゅうぞう》が終わり、後白河《ごしらかわ》法皇を招いて開眼供養《かいげんくよう》にこぎつけた。このとき法皇は自ら導師《どうし》（大仏に目を入れ、魂を吹き込む役目の高僧）となって、天平《てんぴょう》時代に使用された大仏開眼供養の大筆を用いて大仏に眼を点じている。

ただ、大仏に塗る金がひどく不足しており、再建された大仏は頭部しかメッキが施せないという状況であった。当時、奥州では金が豊富に産出されたので、重源は奥州藤原氏とゆかりの深い西行を藤原秀衡《ひでひら》（奥州藤原氏三代目）のいる平泉へ派遣し、砂金を調達しようとしたのである。

じつは西行は、重源の親友だった。もともとは重源の兄である紀季康が西行と仲良くなり、やがて重源と知り合ったのだという。それがなぜ、僧侶である西行と親しくなったのだろうか。

ただ、季康は御所《ごしょ》を守る滝口《たきぐち》の武士である。それがなぜ、僧侶である西行と親しくなったのだろうか。

それは、西行もかつて武士だったからである。

西行は、俗名《ぞくみょう》を佐藤《さとう》「のりきよ」といった。名は義清、憲清、則清、範清など史料によってまちまちである。「のりきよ」は佐藤康清《やすきよ》と源清経《きよつね》の娘とのあいだに元永《げんえい》元年（一一一八）に生まれた。

佐藤氏の先祖は平将門《まさかど》の乱を平定した藤原秀郷《ひでさと》の嫡流《ちゃくりゅう》で、武門の家柄だった。奥州藤原氏も西行の同族であり、そんなこともあり、二十六歳のときに西行は奥州への旅を思い立った。敬愛する能因《のういん》法師の足跡を辿《たど》ったと伝えられるが、このとき藤原秀衡の知遇《ちぐう》を得たようだ。だから重源が、そのつてに期待して西行を秀衡のもとに派遣したというわけだ。

西行は隠居してから出家したわけではない。若くして鳥羽《とば》上皇の北面《ほくめん》の武士（上皇の軍事力）に抜擢《ばってき》されたが、まだ二十三歳のときに出家して遁世《とんせい》してしまったのである。その理由はよくわからない。

友人の佐藤憲康《のりやす》と宮中から退勤するさい、明日を約して別れた。その翌日、憲康が死んでしまった。あまりにあっけない死に、世の無常を感じたので仏門に入ろうと思ったという説がある。また、朝廷の上﨟《じょうろう》女房との恋に破れて出家したという説もある。

いずれにしても、このとき西行には妻子がおり、まだ四歳の娘が父との別れを嫌がって追いすがるのを、縁側から蹴落《けお》としてそのまま立ち去り、自ら髻《もとどり》を切り落としたと伝えられる。

「惜しむとて惜しまれぬべきこの世かな　身を捨ててこそ身をも助けめ」

これは、主君の鳥羽上皇に暇乞《いとまご》いをしたおりに詠《よ》んだ歌だと伝えられる。

その後、西行は高野山を拠点としつつ、各地を漂泊《ひょうはく》しながら歌を詠んだ。とくに桜が好きだったようで、毎年必ず花の名所であった吉野山を訪れたという。西行が詠んだ歌は二千首にのぼるが、そのうち二百三十首が花の歌である。

「春風の花を散らすと見る夢は　さめても胸のさわぐなりけり」

仁安《にんあん》三年（一一六八）には四国の讃岐《さぬき》へ渡り、怨霊《おんりょう》と化した崇徳《すとく》上皇に鎮魂の歌を捧げ、そのまま空海ゆかりの善通寺《ぜんつうじ》にしばらく庵《いおり》を結んだ。

いずせにせよ、親友の重源の頼みゆえ、西行は六十九歳の老体にむち打って、源平の争乱のさなか、はるばる奥州にまで赴《おもむ》いたのである。さすがに辛かったのだろう、小夜《さよ》の中山《なかやま》（静岡県掛川市にある峠）を越えるさい、

「年たけてまた越ゆべしと思ひきや　命なりけり小夜の中山」

と歌っている。この歌は『新古今《しんこきん》和歌集』に採録されたが、まさかこの歳《とし》になって再び奥州へ行くとは思っていなかったことがよくわかる。さらに富士山が見えてくると、

「風に靡《なび》く富士の煙《けぶり》の空に消えて　行方《ゆくえ》も知らぬわが思ひかな」

と詠んでいる。

こうしてどうにか役目

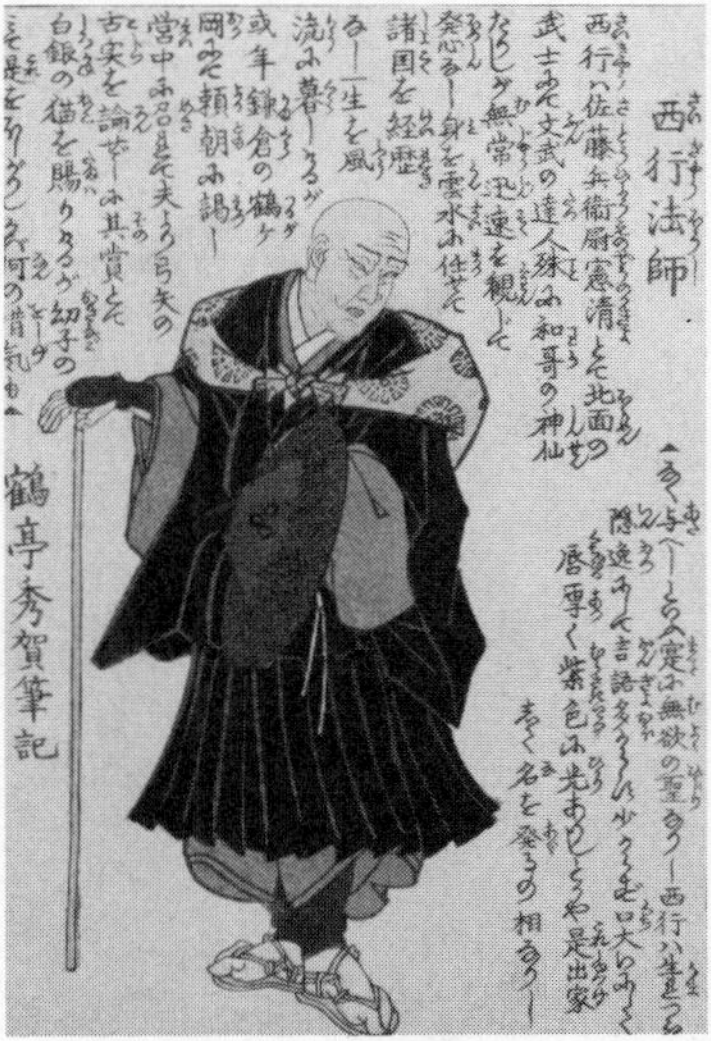

西行（『武者かゞ美 一名人相合 南伝二』、国立国会図書館所蔵）

を果たして帰る途中、西行は鎌倉に立ち寄っている。

このおり、奇遇にも源頼朝の行列と出会った。頼朝は西行を見た瞬間、ただの僧侶ではないと直感し、すぐさま名を尋ねさせたところ、まさに有名な西行法師であることがわかった。このため頼朝は西行を屋敷に招いて、二人で長い間語り合ったという。

その内容は歌道についてではなく、意外にも流鏑馬《やぶさめ》（武士の騎射訓練）などについてであったという。やはり、西行が北面の武士だったからだろう。

しばし西行と話をした頼朝は、さらに彼を引き止めようとしたが、それでも立ち去ろうとするので、銀でできた貴重な猫の像を贈った。西行はありがたくそれを受け取ったものの、屋敷から出ると、遊んでいた子供におしげもなく銀の猫をあげてしまったという。世俗から離れた身にそんなものは何の価値もないからだ。

「願はくは花の下にて春死なむ　そのきさらぎの望月《もちづき》のころ」

まさにその願いのとおり、西行は文治六年（一一九〇）二月十六日に河内《かわち》の弘川寺《ひろかわでら》において七十三年の生涯を閉じた。

東大寺に莫大な寄進をした源頼朝の思惑

さて、西行を奥州へ遣《つか》わした重源だが、自身も安楽にしていたわけではない。

造東大寺大勧進を命じられると、重源はすぐに一輪車をつくり、そこに勅書《ちよくしよ》と勧進を求める紙を貼り、それを転がしつつ、各地をめぐりあるいて布施《ふせ》を集めた。人びとは争って宝物や銅でできた鏡や水瓶《みずがめ》などを寄付したという。南都を焼き打ちした平重衡の妻も、金銅具を差し出して罪滅ぼしを願ったと伝えられる。

武士政権をつくろうと考えていた源頼朝も、平氏をいよいよ滅ぼそうとしている文治元年（一一八五）、東大寺に一万石《ごく》の米、一千両の砂金、一千疋《びき》の上絹を東大寺に寄進している。

当時、頼朝は平氏との戦いで軍資金に苦慮しているはずだが、これほど莫大な寄進をしたのは頼朝の信心にくわえ、「悪逆な平氏が破壊した東大寺を、新しい支配者になる源頼朝が再生してくれるのだ」というアピールもあったと思われる。

文治二年（一一八六）には、周防国《すおう》（山口県）が「東大寺造営料所」となり、財政面で強化がはかられたが、さらに頼朝は建久《けんきゅう》四年（一一九三）、死去した後白河法皇の知行国《ちぎょう》であった備前国《びぜん》（岡山県）も重源の管理下におくべきだと朝廷に奏請《そうせい》して復興事業を支援している。

また、御家人《ごけにん》を用いて大仏殿に置く巨大な菩薩《ぼさつ》像と四天王《してんのう》像の造立《ぞうりゅう》に協力させたのだった。そんなことから頼朝は、東大寺の「大檀越《だいだんおつ》（大旦那《おおだんな》）」と称《たた》えられるようになった。

源頼朝の協力もあり、建久六年（一一九五）三月に完成した大仏殿の落慶供《らっけいく》養《よう》がおこなわれた。このおり頼朝は御家人を引き連れて上洛《じょうらく》し、妻の北条政《ほうじょうまさ》子《こ》、嫡男《ちゃくなん》の頼家《よりいえ》、娘の大姫《おおひめ》とともに式典に参列している。このとき後鳥羽天皇も貴族たちとともに行幸《ぎょうこう》し、公武がそろっての盛大な儀式となった。

ただ、まだ東大寺の諸堂のうち再建されていないものもあり、それからも重源は死ぬまで勧進に力を尽くし、それも一段落ついた建仁《けんにん》三年（一二〇三）に

上京する頼朝の行列
（『右幕下頼朝卿上京行例之図』、国立国会図書館所蔵）

総供養がおこなわれた。そして三年後の建永《けんえい》元年（一二〇六）、重源は八十六年の生涯を閉じた。

このように東大寺の再建は、重源を縁にして後白河法皇、源頼朝という公武の実力者や有名な歌人・西行が深くかかわり、さらに運慶・快慶《かいけい》という慶派を世に送り、大仏様という新建築を文化遺産として今に残したのである。

コラム3

中尊寺金色堂に眠る奥州藤原氏四代の亡骸の謎

源義家《よしいえ》の力を借りて清原《きよはら》氏の内紛（後三年合戦）を制したのが、清原清衡《きよひら》である。彼は実父の姓に戻して藤原清衡と名乗り、奥州《おうしゅう》（東北地方）のリーダーとなった。

奥州では砂金が豊富に産出し、体格の良い馬が育つ。そうした金や馬を欠かさず朝廷や中央貴族へ贈り、その代償として清衡は広範な自治権を獲得し、東北において半ば独立した政治権力を運営するようになった。

同時に中央文化を積極的に摂取し、さらに宋《そう》と交易して中国文化も取り入れ、平泉《ひらいずみ》という北辺の地にまばゆいばかりの黄金文化をつくりあげた。この奥州藤原王国はその子・基衡《もとひら》、孫の秀衡《ひでひら》へと受け継がれ発展していった。

そんな奥州藤原氏の黄金文化の象徴が中尊寺《ちゅうそんじ》である。清衡は、北上川《きたかみ》と衣《ころも》川《がわ》が合流する平泉の関山《せきやま》に多数の堂宇《どうう》を建立《こんりゅう》した。その多くは外観に金箔《きんぱく》を施してあったとされるから、当時の中尊寺の伽藍《がらん》は壮観だったはずだ。

そのうち金色堂《こんじきどう》だけが、唯一現存する当時の遺構である。わずか三間（約五・四メートル）四方の建物だが、屋根から四壁すべてに金箔が施され、七《しっ》宝荘厳《ぼうしょうごん》の巻き柱には南の深海に棲《す》む夜光貝の螺鈿《らでん》、さらには、インド象ではなく、アフリカ象の象牙《ぞうげ》がふんだんに用いられている。驚くような贅《ぜい》を尽くした建物だといえる。

だが、三代の栄華を誇った藤原王国も、源義経《よしつね》をかくまったことで四代・泰衡《やすひら》の代に源頼朝の大軍に攻め込まれ、あっけなく終焉《しゅうえん》を迎えたのだった。

中尊寺金色堂には、藤原氏三代の遺体と泰衡の首が納められている。

昭和二十五年（一九五〇）に遺体の本格的な科学調査がおこなわれた。その結果、血液型も判明。清衡がAB型、基衡がA型、秀衡がAB型だった。遺体はいずれもミイラ化していたが、自然にそうなったのか、人為的かは専門家の間で意見が分かれた。遺体に内臓がなかったことで、死後、人為的に内臓を取り出して乾かして固め、それを腹内に戻して腐敗を防止し、ミイラ化させたものではないかと考える学者もいる。歯の調査では、基衡が歯槽膿漏、清衡は二十本の歯が残っていたが、みんな虫歯だった。

清衡は晩年、脳卒中による半身不随だったことが判明。身体もやせ細っていた。基衡は当時としては体格が良く、肥満体で身長も百六十七センチあり、六十歳前後に亡くなったようだ。七十三歳まで生きたとされる秀衡も基衡に似て体格は良かった。四代・泰衡の首は鼻が削《そ》がれ、耳が切られ、額《ひたい》に釘《くぎ》を刺した痕《あと》が残っている。頼朝は泰衡を倒した後、その首を鎌倉に持ち帰り、見せしめにしたというが、その伝承が間違いでないことがわかった。

なお、奥州藤原氏はアイヌではないかという説があったが、アイヌより和《わ》人《じん》に近い特徴を持っていることが判明した。

第九章

高徳院の鎌倉大仏はなぜ、露坐しているのか

なぜ鎌倉に大仏がつくられたのか？

関東に住んでいる人は、遠足などで一度くらいは鎌倉の大仏を見学に訪れたことがあるだろう。近年は、外国の観光客も非常に多く、境内《けいだい》は異国情緒にあふれている。

そんな鎌倉大仏だが、正式な名称についてはほとんど知られていない。正確には、高徳院阿弥陀如来《こうとくいんあみだにょらい》坐像と呼ぶ。あの仏像は奈良の大仏と違って、阿弥陀様なのである。

そんな高徳院の大仏だが、なぜ東大寺のような大仏殿の中ではなく露坐《ろざ》なのか、不思議に思う方も多いのではないか。本章では、そうした大仏にまつわる謎について紹介してみたいと思う。

鎌倉に青銅製の大仏が完成したのは建長《けんちょう》四年（一二五二）のこととされている。

研究によれば、身体の部分を七パーツ、顔の部分を五から七パーツに分けて作製、下から順番に巧みに四十回ほど鋳継《い》がれてでき上がっている。大仏の高さは約十一メートル（台座を含むと約十三メートル）、重さは約百二十トンもある。もし座っている大仏が立ち上がったとすると、なんとその背丈は二十四メートルにもなるというからすごい。

ただ、最初にこの場所に鎮座していたのは現在の大仏ではない。この青銅製の大仏以前に、どうやら全く違う大仏が存在していたらしいのである。

伝承によれば、鎌倉の地に大仏をつくろうと考えたのは、鎌倉幕府を創建した源頼朝だったといわれる。別項で述べたように、頼朝は平重衡《しげひら》の南都《なんと》焼き打ちで焼失した東大寺の再建に全面的に協力している。このため大仏殿の落慶供《らっけいく》養《よう》式典に出席し、復元された大仏の壮大さを目の当《ま》たりにした。

そこで自分が拠点とする鎌倉にも、これと同じような大仏をつくろうと思い立ったのではないかと思われる。しかしながら、生前その目的は果たされることはなかった。

その後、浄光《じょうこう》という僧侶が鎌倉にやってきて、大仏をつくるための勧進《かんじん》（資金集め）をはじめ、暦仁元年《りやくにん》（一二三八）年に大仏の造立《ぞうりゅう》を開始。翌年、幕府に対して勧進に協力してくれるよう申状（上申書）を提出している。

以後、浄光は各地をまわって精力的に金銭などを集めたようで、寛元元年《かんげん》（一二四三）、大仏殿の落慶供養にこぎつけたのである。導師《どうし》は、良信《りようしん》という勝長寿院《しようちようじゆいん》の別当《べつとう》であった。良信は比叡山延暦寺から招かれ、鎌倉幕府の護持僧《ごじそう》として活躍した高僧である。そのほか、十名の僧侶がこの式典に参列したといわれる。

大仏は木造か、金銅か？

ところで、その前年、京都の東山《ひがしやま》から鎌倉までやってきた『東関紀行《とうかん》』の作者が、造立中の大仏の様子を詳しく書き残している。

原文を少し現代風にしてわかりやすく紹介しよう。

「由比《ゆい》の浦《うら》という所で阿弥陀仏を鋳造《ちゆうぞう》していると語る人がいた。とても興味を持ったのでその場所を訪ねたところ、尊くありがたいものを拝見することができた。
事の起こりを地元の人に尋ねたところ、遠江国《とおとうみ》（静岡県）出身の浄光上人《しょうにん》という者がいて、延応《えんおう》年間（一二三九〜四〇）の頃から関東に住んでいる貴賤《きせん》に対して盛んに勧進をおこない、仏像をつくり堂舎を建てはじめたのだという。

すでにその思いは三分の二が達成されている。大仏の姿はすばらしく高く、白毫《びゃくごう》が満月に光り輝いている。これまでの両三年の功がよくわかる。大仏殿もまた巨大である。

かつて聖武《しょうむ》天皇が造立した十丈《じょう》（約三十メートル）あまりの金銅仏である奈良の盧舎那《るしゃな》大仏は、天竺《てんじく》（インド）や震旦《しんたん》（中国）にも比較するものがない仏像だといわれている。この鎌倉の阿弥陀如来像は八丈の高さなので、奈良の大仏の背丈の半分を超えている。

奈良の大仏が金銅像で、鎌倉の大仏は木造という違いはあるけれど、末代にとってはすばらしいことである。仏教の力がついにこんな東の地まで及んだということを目の当たりにでき、改めてその功徳《くどく》を感じ、ありがたく思う」

読んでいただいてわかるとおり、なんと、鎌倉の大仏は木造だったのである。

ところが何とも奇妙なことに、鎌倉幕府の正史『吾妻鏡《あづまかがみ》』の建長四年（一二五二）八月十七日の項目に「今日は彼岸第七日に当る。深沢《ふかさわ》里において金銅八丈の釈迦如来像を鋳始めた」とあるのだ。深沢の里というのは、間違いなく高徳院である。

つまり木造大仏の完成からわずか九年しか経っていないのに、なぜか新たに金銅の仏像をつくりはじめているのである。

どうして短期間で木造大仏は破棄されることになったのだろう。

まさにその理由は謎である。もしかしたら台風などによって倒壊してしまったのかもしれない。なお、金銅仏をつくるためにまず木像をつくり、それから型をとり、銅を流し込んでいったという説もある。高徳院では、その説を採用しているようで、公式ホームページを見ると、大仏の鋳造法で最初に型をとるための木像をつくったという説明が載っている。

ただ、先の『東関紀行』の記述には「堂は又十二楼のかまへ望むに高し」という表現があり、おそらくこれは大仏殿を表現していると私は考える。これが事実だとすれば、型をとるための仏像を大仏殿に入れるというのは違和感を覚える。やはり、何らかの理由によって木造仏が倒壊したのではないかと思うのである。

いずれにせよ、鎌倉大仏ははじめから露坐ではなく、当初は大仏殿のなかに安置されていたようなのだ。

◎大仏殿は三回建て直された⁉

高徳院における大仏殿の存在は、二〇〇〇年十月の発掘調査によって確実となった。鎌倉市は同年より高徳院の境内の発掘をおこなってきたが、大仏から南西に二十メートル離れたところで、大仏殿の柱の礎石《そせき》を置くために土を固めた直径約三メートルの穴を二つ発見したのである。穴は深さ約二メートルで、砂利と泥岩《でいがん》を交互に敷き詰め、突き固められていた。

大仏の大きさと柱穴までの距離から算出すると、大仏殿は正面が四十四メートル、側面が四十三メートル、高さはなんと四十メートル以上になると推定される。東大寺の大仏殿より少し小さいが、かつては巨大な大仏殿が鎌倉の地に存在したのである。

大仏殿の記録だが、『太平記《たいへいき》』に「建武《けんむ》二年（一三三五）、大風によって大仏殿が倒壊した」とある。さらに『鎌倉大日記《おおにっき》』に応安《おうあん》二年（一三六九）にも崩壊したと記されている。

つまり、少なくとも鎌倉の大仏殿は三回は建て直されたことになる。

さらに『鎌倉大日記』には明応《めいおう》七年（一四九八）に大地震が起こり、それによって大仏殿が倒壊したとある。一説には、高徳院にまで大津波が襲い、大仏殿が押し流されてしまったのだという。じつはこの時期の海岸線は、高徳院のすぐ近くにあったことも判明している。いずれにせよ、またも大仏殿は破壊されてしまったわけだ。

以後、大仏殿は再建されなかったようだ。しかし、それから二百年の年月を経ると、露坐だけに大仏の傷みも激しくなってしまう。そのうえ元禄《げんろく》十六年（一七〇三）の大地震で傷みに拍車《はくしゃ》がかかった。

そこで、のちに増上寺《ぞうじょうじ》第三十六世となる祐天《ゆうてん》は、大仏の大修理を決意し、浅草の野島新左衛門という豪商に喜捨《きしゃ》を乞《こ》うたうえで、修復をおこなった。また、この寺を「清浄泉寺高徳院《しょうじょうせんじこうとくいん》」という浄土宗《じょうどしゅう》（念仏《ねんぶつ》専修）の寺院とし、光明寺《こうみょうじ》（浄土宗関東十八檀林《だんりん》の筆頭）の「奥之院」として位置づけたのである。

馬淵和雄《まぶちかずお》氏の研究（『鎌倉大仏の中世史』新人物往来社）によれば、鎌倉大仏の金銅の成分は、銅が六七・〇四％、鉛が二三・九四％で、非常に鉛分が多いのが特徴だとする。しかもこの成分比は、宋銭《そうせん》に近い組成だと述べる。その理由としては、二説が考えられるという。「宋銭を鋳つぶして大仏の材料とした。大仏鋳造の中心になったのが宋から渡来した技術者だった」というものである。

じっさい大仏を鋳造した技術者は不明だが、この大仏は、鎌倉時代の代表的仏師である運慶《うんけい》に連《つら》なる「慶派《けいは》」と宋代の仏師の作風もあわせ持っているそうだ。また当時は、囚人《しゅうじん》を逃がした御家人《ごけにん》には罰金を科し、その銭を大仏の造営に寄進する決まりがあったというから、その銭がそのまま鋳つぶされて大仏の材料になった可能性も否定できない。あるいは多くの人びとが喜捨した銭が大仏の原料になったのかもしれない。

ともあれ、多くの人びとの尽力によってつくられ、守られ続けてきた鎌倉時代につくられた大仏の姿を、いまも私たちは眼前に拝《おが》むことができるのである。

その表情はたいへん穏やかで、日本を愛したあのラフカディオ・ハーン（小《こ》泉《いずみ》八《や》雲《くも》）も、その口元の静かな笑みを「東洋的微笑」と称えている。

コラム4 足利尊氏が天龍寺を創建した意外な理由とは？

天龍寺《てんりゅうじ》は、京都の観光地・嵐山《あらしやま》や渡月橋《とげつきょう》のすぐ近くに位置する臨済宗《りんざいしゅう》の寺院である。庭園や紅葉が見事で観光客も多い。室町時代には、京都五山《ござん》（中国にならった寺格制度）の第一位として室町幕府に重んじられ、その寺域は現在の十倍以上もあった。

この寺の開基《かいき》は、室町幕府を創設した足利尊氏である。尊氏がこの寺をつくったのは、後醍醐《ごだいご》天皇の菩提《ぼだい》を弔《とむら》うためであった。

いうまでもなく尊氏といえば、後醍醐天皇の建武《けんむ》政府に反乱を起こし、その政権を崩壊させた張本人だ。また、いったん尊氏に降伏した後醍醐天皇は、京都から抜け出して大和《やまと》国吉野《よしの》で新政権（南朝）を立ち上げ、死ぬまで尊氏がつくった室町幕府や北朝と戦い続けた。そういった意味では、尊氏と後醍醐天皇は宿敵ともいえよう。そんな憎き相手が死んだのに、その冥福《めいふく》を祈るためにお寺を建ててあげるなんて、なんて尊氏は立派な人物なのだろう。そんなふうに考えるのは、大きな誤りである。

尊氏が天龍寺を創建したのは、後醍醐天皇の怨霊《おんりょう》を鎮《しず》めるためであった。後醍醐天皇は亡くなるさい、「玉骨《ぎょっこつ》はたとえ南山《なんざん》（吉野山）の苔《こけ》に埋《うま》るとも、魂魄《こんぱく》は常に北闕《ほっけつ》（京都）の天を望まん」（『太平記』）という言葉を残した。「私の骨がこの吉野の地で苔むしたとしても、その魂は常に京都の奪還を望むつもりだ」という執念《しゅうねん》の言葉を吐いたのである。

尊氏にとっては、まことに恐ろしい遺言だった。もともと尊氏は、後醍醐天皇に逆らうつもりはなかった。しかし、弟・直義《ただよし》の要請や武士の期待に応じるかたちで謀反《むほん》を起こし、武士政権を樹立したという経緯があり、後醍醐を裏切ったことに強い後悔の念を持ち続けていた。そのうえ後醍醐天皇が崩《ほう》御《ぎょ》すると、天変地異や災《わざわ》いが次々と起こりはじめた。

尊氏は仏教を篤《あつ》く信仰していたので、悩んだすえ夢窓疎石《むそうそせき》（臨済宗の高僧）に相談したところ、疎石は雷神と化した菅原道真《すがわらのみちざね》に位を贈ってその霊を鎮めた例をあげ、「後醍醐天皇の鎮魂のため、一寺を建立《こんりゅう》すべきです」と助言したという。

こうして尊氏は、天龍寺をつくることを決めたのである。ただ、その財源がなかったので、なんと、それをまかなうため、中国（元《げん》）に貿易船を派遣したのだった。これを天龍寺船といい、莫大な利益を上げて帰国した。

この財源を元手に康永《こうえい》二年（一三四三）に天龍寺は竣工《しゅんこう》し、二年後に落慶《らっけい》供養《くよう》がおこなわれた。なお、尊氏に寺の建立をすすめた夢窓疎石は、天龍寺の開山《かいざん》となった。

第十章

一休、沢庵……なぜ、大徳寺は異形の僧を輩出したか

とんちの一休さんは破戒僧だった!?

京都の大徳寺《だいとくじ》は、日本史の教科書に登場する一休宗純《いっきゅうそうじゅん》、沢庵宗彭《たくあんそうほう》、さらに侘茶《わびちゃ》を大成した千利休《せんのりきゅう》とも関係する臨済宗《りんざいしゅう》の大寺院である。

なぜ大徳寺は、風狂《ふうきょう》で知られた一休、幕府の宗教政策に堂々と異を唱《とな》えた沢庵といった異形《いぎょう》の名僧を輩出できたのだろうか。

もともと大徳寺は、正和《しょうわ》四年(一三一五)頃に播磨《はりま》の守護大名となる赤松則村《あかまつのりむら》の支援を得て、同郷の宗峰妙超《しゅうほうみょうちょう》(大燈国師《だいとうこくし》)が大徳庵《あん》を建てたのがはじまりだとされる。

宗峰妙超は、播磨の豪族である浦上《うらがみ》氏の一族に生まれ、臨済禅《ぜん》を信奉して二十年以上にわたって京都で厳しい乞食行《こつじきぎょう》をおこなってきた名僧である。このため花園《はなぞの》上皇や後醍醐《ごだいご》天皇の篤《あつ》い帰依《きえ》を受け、寺はその保護を受けて大きく発展し、国家の官寺である京都五山より上位として扱われた。しかし、後醍醐天皇の建武《けんむ》政府を倒して室町幕府が成立すると、五山の下の十刹《じっせつ》の位に落とされてしまう。

このため大徳寺は、寺の運営に苦しむようになり、ついに第二十六世の養叟《ようそう》宗頤《そうい》は、永享《えいきょう》三年（一四三一）、あえて五山十刹の地位から離脱し、在野《ざいや》のなかで禅を広める道を選んだ。こうした民間に発展を求めた禅宗の寺を「林下《りんか》の禅」と呼んだ。

そんな大徳寺の第四十八世が、とんちの小坊主《こぼうず》としてアニメでも有名な、あの一休宗純である。彼は応仁《おうにん》の乱で衰退していた大徳寺を見事に復興した人物だが、奇僧として当時から人びとに知られていた。

一休は、明徳《めいとく》五年（一三九四）に後小松《ごこまつ》天皇の御落胤《ごらくいん》として生まれたとされる。母親は、かつて北朝の後小松天皇に敵対した南朝の遺臣の娘。彼女は後小松の後宮に入り、隙《すき》をみて天皇を刺殺するつもりだったが、それが露見して宮中から追放されたといわれる。彼女はこのとき天皇の子である一休を身籠《みご》もっており、京都嵯峨《さが》の民家でひっそりと産み、六歳のときに山城安国寺《やましろあんこくじ》に預けたという。

同寺で禅宗を学んだ一休は二十一歳のとき、師の謙翁宗為《けんおうそうい》の急死にあって絶望し、琵琶湖に身を投げて自殺をはかろうとしたが、母の面影が突然あらわれ、死ぬことができなかったそうだ。以後は大徳寺の華叟宗曇《かそうそうどん》に師事して修行に励み、二十七歳のとき、大悟《たいご》（悟りを開く）を証明する印可状《いんかじょう》を授けられた。ところが一休は、その印可状を火中に投じてしまう。このあたりから、尋常ではない行動が見られるようになる。

応永二十九年（一四二二）、大徳寺如意庵《にょいあん》において、大徳寺の住持・言外宗忠《ごんがいそうちゅう》の三十三回忌が執《と》り行われた。この盛大な儀式に、大徳寺の僧侶たちはいずれも着飾って出席したが、一休だけが墨染めの粗末な法衣《ほうえ》を着て平然と坐っていた。

これを見てさすがの華叟もその理由を尋ねた。すると一休は、「私は一人このような服装をして、あえて偽坊主たちの引き立て役を演じているのです」と放言したという。これに感歎《かんたん》した華叟は「確かに一休は風狂だが、彼こそが私の後継者だ」と側近に語った。

一休の風狂については、ほかにも多くの逸話が残る。たとえば正月元旦のめでたい日に墓場からドクロを掘り出し、竹棒にさして「このとおり、御用心、

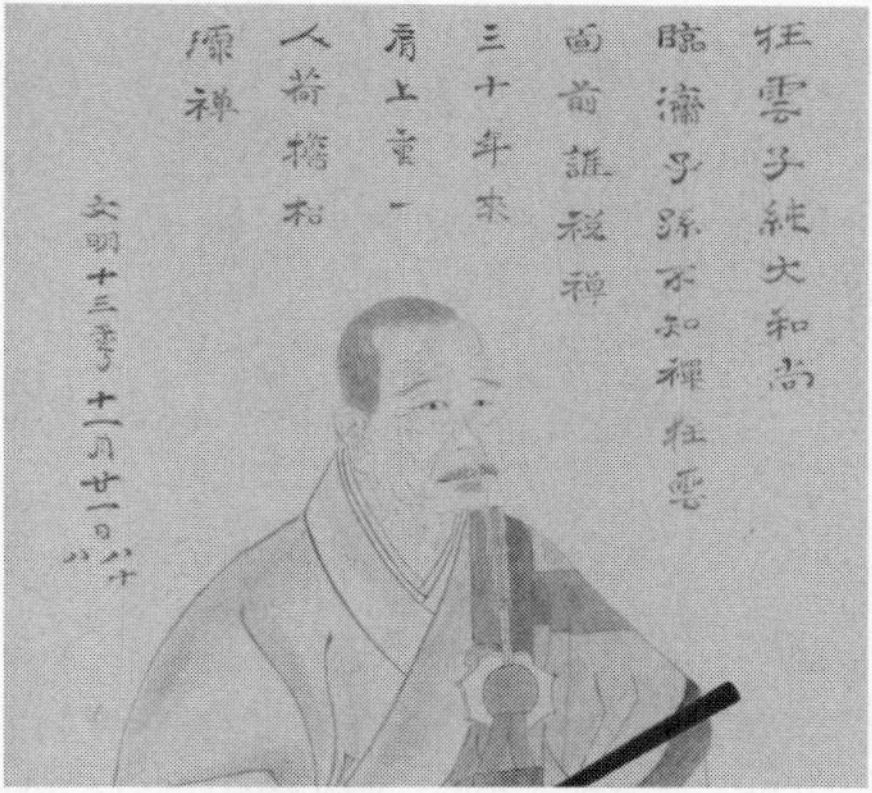

一休宗純（『肖像集９』、国立国会図書館所蔵）

御用心」と大声を上げながら家々の門口を回って歩いたのだ。これに人びとが怒りをあらわにすると一休は「このドクロより目出度《めでた》いものはない。目出たる穴のみが残っている。なんとも目出度い」と答えたという。

おそらく「人間は死んでしまえば、富者も貧者も男も女もただのドクロ。常にそれを意識し、現世の目出度さに浮かれて過ごしてはならぬ」と警鐘《けいしょう》を鳴らしたかったのだろうが、あまりに辛辣《しんらつ》である。

「生まれては死ぬるなりけり　おしなべて釈迦《しゃか》も達磨《だるま》も猫も杓子《しゃくし》も」

これは、一休が詠《よ》んだ歌である。

「死だけは誰のうえにも平等に訪れるのだぞ。それをしっかり自覚しながら、今を生きよ」

そんな人間の宿命を人びとに自覚させることを、己《おのれ》の使命だと感じていたようだ。

同時に一休は、禅僧たちの堕落《だらく》ぶりに激しい憤《いきどお》りを感じていた。

当時、日明《にちみん》貿易で大いに栄えた堺《さかい》で、一休は朱鞘《しゅざや》の太刀《たち》を腰にさげて歩き回った。人びとが理由を問うと、いきなり鞘から太刀を抜き放ったのだ。しかしそれは、木刀であった。

一休はそれを見せながら「これでは人は殺せない。また、そんな木刀にどうして人を活かすことができようか。いまの禅僧は、みな木刀のようなものだ。だから俺は戒《いまし》めのために木刀を差して歩くのだ」と言い放った。

先に述べたように大徳寺は、五山十刹からはずれた非主流派だったので、室町幕府の援助は期待できず、いつも財政的に苦しかった。それを好転させたのが、一休の兄弟子《あにでし》の養叟だった。

華叟の死後、養叟は堺の豪商たちと結びついて彼らを寺のパトロンとし、同時に後花園天皇から大徳寺の寺格をあげてもらうことに成功するなど、その政治的手腕を巧みに発揮し、見事に財政を再建した。

しかし一休は、兄弟子一派が富と権力に接近したことに憤り、養叟を痛烈に非難した。その著書『自戒集《じかいしゅう》』には「紫野《むらさきの》大徳寺はじまりてより以来、此《かく》のごときの大悪党ノ邪師、いまだ聞かず見ざるなり」と養叟を罵倒《ばとう》し、「今より後は、養叟をば大胆厚顔《だいたんこうがん》禅師と云うべし…（略）…面皮《つらかわ》厚くして、牛の皮七、八枚張り付けたるが如し、紫野の仏法はじまりてよりこのかた、養叟ほどの異高の盗人は未だ聞かず」とこき下ろしている。牛の皮を七、八枚貼り付けたような面の厚さとか、盗人などとは、なんともひどい言いぐさだ。

では、一休が清廉な禅僧だったかといえば、全く違う。逆にとんでもない破《は》戒《かい》僧だったのである。

信じられないことに、人目をはばかることもなく酒屋へ入り浸《びた》り、肉を喰《く》らい、遊郭《ゆうかく》に登って女性と交わっている。酒色、肉食、女犯《にょぼん》という、仏僧の戒律を平然と破ったのだ。しかも驚くことに、七十八歳のときには森侍者《しんじしゃ》という盲目の女性を愛人とし、彼女との愛欲生活を賛美する詩までつくっている。また、遊郭での遊女との抱擁《ほうよう》や接吻《せっぷん》は何よりも楽しいと記し、女性器や性交の情景を讃《たた》えているのだ。

当時は、隠れてこそ酒や肉を食べたり、遊郭へ通う僧侶が多かったので、あえて当時の仏教界に警鐘を鳴らすために、このような破戒行為に及んだというが、なんとも破天荒《はてんこう》な人物であった。

晩年は応仁の乱で荒廃した大徳寺の復興に力を尽くし、法堂や山門を新築した。そして八十八年の生涯を閉じたのである。

千利休失脚は本当に大徳寺山門が原因か？

そんな一休が再建した大徳寺の山門は、大永《だいえい》六年（一五二六）に連歌師《れんがし》の宗長《そうちょう》によってつくり替えられたようだが、それは初層だけの門だった。それに上層を加え本瓦葺《ほんかわらぶ》きの壮麗な門になったのは、天正《てんしょう》十七年（一五八九）のこと。その費用を援助したのが、侘茶の大家《たいか》・千利休だった。

もともと利休は魚屋《ととや》という屋号を持つ堺の豪商だった。十九歳のときから武《たけ》野紹鷗《のじようおう》に茶の湯を学び、織田信長にも茶頭《さどう》として仕《つか》えていた。豊臣秀吉は、織田の家臣の頃から利休を師として茶を学んでおり、利休は秀吉を「筑州《ちくしゆう》」「羽筑《はちく》」と呼びすてにし、いっぽうの秀吉は利休に「宗易公《そうえきこう》」と尊称をつけていた。そんな秀吉が天下を握ると、「内々のことはすべて利休にまかせてある」と秀吉が言うほどの信頼を得るようになった。

利休は茶道具に工夫をこらしたり、新たな作法をあみ出したが、斬新だったのは狭い茶室だ。草庵《そうあん》風の茶室は、わずか二畳の空間しかなく、客人は露地《ろじ》を通って身を屈《かが》めながら狭いにじり口から入ってくる。狭すぎて刀をさして入れないし、どんなに偉い人も、頭を下げて入らざるを得ない。しかも茶室は二畳、たいていは主人と客人の一対一。だから固唾《かたず》をのむ音、畳がすれる音さえ響きわたったろう。天井も低く、壁は落ち着いた色で統一され、世間と隔絶された狭隘《きようあい》な密室は、まさに別世界といえた。

しかも茶室では現世の身分が適用されず、対等な人間として接するルールがあった。秀吉は、合戦よりも策略や外交を重視して天下統一を進めていった。相手の性格や人間関係を正確に把握したうえで、甘言《かんげん》をもって誘降《ゆうこう》し、戦わずして勝とうとした。利休が考案した茶室は、まさにそんな策略や外交の場としてはうってつけだった。

かくして茶の湯政治が展開され、利休が大名や豪商の間に入って秀吉にその意向を伝えることが増えた。このため利休は、茶の世界でも神様的存在となっていった。茶道具の値段や価値は利休次第となり、陳腐《ちんぷ》な茶碗も利休が高く評価すれば価値がはねあがった。

だが、そんな利休が天正十九年（一五九一）に突然、秀吉から死を命じられたのである。

秀吉の寵臣《ちようしん》として台頭してきた石田三成《いしだみつなり》との確執《かくしつ》のすえ、敗北したという説が有力だが、真の理由は今もってわからない。

ともあれ、同年二月十三日、秀吉は利休に「故郷堺へ戻って謹慎せよ」と命じた。利休はその命《めい》に従ったものの、一切の赦免《しやめん》運動をせず、毅然《きぜん》とした態度を崩さなかった。辞世の句を書いているので、すでに死は覚悟の上だったようだ。

こうした態度に腹を立てた秀吉は、利休を京都へ連行し、切腹を命じた。最初は磔《はりつけ》にするつもりだったが、周囲の取りなしで名誉ある切腹が許された。かくして二月二十八日、利休は割腹《かつぷく》して七十年の生涯を閉じた。

利休の首級《しゆきゆう》は一条戻橋《いちじようもどりばし》のたもとで獄門《ごくもん》となったが、その傍《かたわ》らに罪状が記された。

それによれば「茶器の売買において、暴利をむさぼった。大徳寺山門の楼閣《ろうかく》に、自分の木像を安置し、その下を秀吉にくぐらせた」というのが、利休の罪だとある。

前述のとおり利休は、大徳寺に莫大な喜捨《きしや》をして壮麗な山門をつくった。これに感謝した寺側が奇特《きとく》な行為を顕彰《けんしよう》するため、利休の木像をつくって山門の楼上に安置したのである。像は雪駄《せつた》を履いた雪見姿だった。秀吉はこれを知るや、「俺や勅使《ちよくし》が山門を通過したとき、利休に踏みつけられることになるではないか」と不機嫌になったという。

その噂《うわさ》を耳にした利休は、すぐに秀吉に謝罪して和解しているので、そんな些細《ささい》な話を再び咎《とが》めたてているのは、やはり、それが本当の罪状でない証拠といえる。

大徳寺で信長の葬儀を執り行う秀吉
（『大徳寺ノ燒香ニ秀吉諸將ヲ挫ク』、国立国会図書館所蔵）

ちなみに秀吉は、その木像も山門から下ろして市中を引き回し、なんと、一条戻橋の利休の首を踏みつけるようなかたちで傍《かたわ》らに置いたと伝えられる。ずいぶんえげつないことをする。

驚くべきことに、この木像は今も現存する。利休の死後、侘茶の系統はいくつにも分流するが、その一つに仙叟宗室《せんそうそうしつ》を始祖とする裏千家《うらせんけ》がある。その裏千家が所蔵する今日庵《こんにちあん》（重要文化財）の屋内に安置されているのだ。けれども非公開であり、宗家の家族以外、高弟であっても滅多に拝《おが》むことができないそうだ。

ちなみに大徳寺は、秀吉ともゆかりが深い。織田信長の葬儀を秀吉はこの寺で営み、信長の菩提《ぼだい》を弔《とむら》うために総見院《そうけんいん》を建立《こんりゅう》している。また国宝の唐門《からもん》は、秀吉の邸宅だった聚楽第《じゅらくてい》から移築されたものである。

幕府に楯ついた沢庵はどうなったのか？

沢庵も、大徳寺の僧侶としてよく知られている。

天正元年（一五七三）、但馬《たじま》国出石《いずし》に秋庭《あきば》能登守《のとのかみ》綱典《つなのり》の子として生まれ、十歳のときに仏門に入り、十四歳で浄土宗から禅宗に移り、希先《きせん》、薫甫《とうほ》、文西《ぶんせい》などに師事して禅の修行を積み、三十二歳の慶長《けいちょう》九年（一六〇四）、堺の陽春《ようしゅん》庵《あん》の一凍《いっとう》より印可を授けられた。

三十五歳で京都大徳寺首座《しゅそ》となり、二年後、大徳寺第百五十三世にのぼりつめた。細川忠興《ほそかわただおき》や豊臣秀頼《ひでより》、浅野幸長《あさのよしなが》などから盛んに招きを受けたが、沢庵はこれを固辞している。

慶長十八年（一六一三）、江戸幕府は大徳寺、妙心寺《みょうしんじ》、知恩院《ちおんいん》、泉涌寺《せんにゅうじ》などの八寺に「勅許紫衣法度《ちょっきょしえはっと》」を出し、紫衣の勅許を与えられる以前に幕府に申し出なくてはならないと命じた。

紫衣というのは紫色の袈裟《けさ》のことで、朝廷の許可を得た特別な高僧だけが身につけることを許されたものであった。この紫衣という朝廷の専権事項を幕府が奪い、寺社に対する統制を強めようとしたのである。元和《げんな》元年（一六一五）にも「禁中《きんちゅう》 並《ならびに》 公家《くげ》諸法度」や「諸宗本山本寺《しょしゅうほんざんほんじ》諸法度」で紫衣の勅許は慎重におこなうことが通達された。

しかし、その後も従前の慣例で紫衣の勅許がなされたため、大御所《おおごしょ》の徳川秀《ひで》忠《ただ》は、寛永《かんえい》三年（一六二六）、大徳寺や妙心寺などに対し「紫衣などの勅許は厳禁する」と申し渡した。

このとき沢庵は但馬で庵生活を送っていたが、翌年、にわかに上洛《じょうらく》すると、大徳寺の正隠宗知《しょういんそうち》を推薦して紫衣の勅許を得させたのである。明らかに幕府の宗教政策に対する反抗だった。

これを見過ごすことはできず、黒衣《こくい》の宰相《さいしょう》と呼ばれた幕府の参謀・南禅寺《なんぜんじ》の金地院崇伝《こんちいんすうでん》は、秀忠の意を受けて幕府の重臣・土井利勝《どいとしかつ》や板倉重宗《いたくらしげむね》と相談し、同年七月、全文五カ条からなる「諸宗法度」が発布された。

その内容は、元和元年（一六一五年）以降に出世（朝廷から紫衣などを賜《たまわ》ったりすること）した者をいったん無効とし、改めて吟味《ぎんみ》するというものであった。

さらに寛永《かんえい》五年（一六二八）、京都所司代の板倉重宗は、大徳寺に対し、「なにゆえ正隠を出世させたのか」とその事情を厳しく叱責《しっせき》した。これに対して沢庵たちは、「幕府が決めた、三十年以上修行し、千七百則の公案《こうあん》（禅問答）を開悟《かいご》しなくては紫衣を与えないというのはおかしい。そんなことになれば寿命が尽きてしまい、仏法の相続はなりがたい」

というように、かな文字を含めた痛烈な抗弁書を提出したのである。

驚いた崇伝や幕閣たちは、仕方なく沢庵たちから詫《わ》び状を提出させることで妥協することとし、あらかじめその文面まで用意した。これに対して大徳寺の南派の人びとはすぐに詫び状を提出した。ところが沢庵ら北派の人びとはこれに従わなかったのである。

このため幕府は、沢庵を玉室《ぎょくしつ》や江月《こうげつ》ら大徳寺の重鎮《じゅうちん》とともに江戸に召喚《しょうかん》した。崇伝は、沢庵らを厳罰に処するよう強く求めたというが、天海僧正《てんかいそうじょう》や藤堂《とうどう》高虎《たかとら》らがこれに反対したという。とくに天海は、「抗弁書は私が作成したものので、玉室や江月は赦免していただき、私のみをいかようにも処罰していただきたい」と述べる沢庵の見事な態度に感服したという。沢庵は多くの大名や公家《くげ》と知り合いだったが、事ここに至ると、ほとんどの人びとが幕府の威光を恐れて知らん顔をした。このときにあって、唯一、奔走《ほんそう》したのが幕府の剣術指南役で、大目付《おおめつけ》となる柳生宗矩《やぎゅうむねのり》と堀直寄《ほりなおより》だけであった。

とくに宗矩は沢庵を敬愛して、たびたび参禅し、「剣禅一如《けんぜんいちじょ》」の精神を教え込まれていた。だが、必死の奔走にもかかわらず、最終的に沢庵は出羽国《でわ》上山《かみのやま》に流罪《るざい》と決まってしまった。

「今度率爾《そつじ》に罷《まか》り出て、御法度書に違背《いはい》し、逐一《ちくいち》筆を把《と》り返答書を致し、公儀《こうぎ》を軽んじ、私意を恣《ほしいまま》にするの義、沢庵一人の覚悟の旨《むね》、世上の風聞《ふうぶん》ゆえ、先日三上使《じょうし》を以《もっ》て御尋《おたず》ねの時、露見し候《そうろう》。これにより遠流《おんる》に処せらるる者なり」

江月は無罪となったが、玉室は陸奥国《むつ》棚倉《たなぐら》、妙心寺の東源慧等《とうげんえとう》が陸奥国弘前《ひろさき》、単伝士印《たんでんしいん》は出羽国由利《ゆり》に流罪となった。また、大徳寺で元和以降に出世した十五名の僧侶のうち、存命中の六名の紫衣が剝奪《はくだつ》されることになった。

ちなみに、この裁定に激怒した後水尾《ごみずのお》天皇は、幕府に無断で退位してしまう。この一連の事件を紫衣事件と呼ぶ。

いずれにせよ、沢庵は権力に屈することなく、あくまでも己の正しいと思った道を貫いたのである。

こうした沢庵に対して世論は大いに味方したようで、沢庵を流罪に追い込んだ崇伝は人びとから密《ひそ》かに憎まれた。沢庵は自分のために大いに奔走してくれた堀直寄に、次のような書簡を認《したた》めている。

「このたび宗門《しゅうもん》のことについて、真っ直ぐ正しいことをして幕府の意に添わず出羽の国に流罪となった。けれど、このことはこれからずっと人びとに語り継がれていくだろう。私は満足だ。心が塵《ちり》に穢《けが》れていなければ、流罪なった身の苦しみなどなんともないのである」

正しいと思ったとおりに行動し、その結果、流罪になったことを沢庵は、むしろ誇りに思っていたのである。

三代将軍・家光《いえみつ》は、秀忠とは反対に沢庵に帰依《きえ》し、品川の地に約四万七千坪の広大な地を与え、さらに朱印地として五百石《こく》を賜った。かくして寛永《かんえい》十六年（一六三九）に落成した寺が東海寺《とうかいじ》である。

沢庵は死ぬまでの七年間、この寺に住んだが、家光が来臨《らいりん》したのは七十五回に及ぶ。平均して一月《ひとつき》に一度は沢庵のもとを訪れている。

正保《しょうほう》三年（一六四六）十二月十一日に沢庵は死去するが、死に臨んで十六カ条からなる遺戒《いかい》を残している。そこには「私には法を嗣《つ》がせる弟子はいない。死んだら弔問客はすべて断り、香典を受け取るな。禅師号も受けてはならない」とあり、さらに「遺体は人に知られず野外の地中深く埋め、芝草でおおい、石塔は立てるな」と記した。

だから沢庵の墓石は、立派な石塔ではなく、単なる自然石になっている。最期《さいご》の時を迎えた沢庵は、力をふりしぼって筆をとり、「夢」の一字を認めて逝った。いったいこの文字に、不屈の老僧はどのような想いをこめたのだろうか。

いずれにせよ、見事な死に様だといえよう。

生前沢庵は、次のような言葉を残している。

「人退けば退き、人進めば進む。此等《これら》の人立身《りっしん》すべからず。人退くにも退かず、人進めば我いよいよすすむ、此の人立身すべし。人進めば共に進み、人退けば共に退く、功少し。人進まば我いよいよ心を捨てず、人退くときを待ちて

進む、功多し」（船岡誠著『沢庵』中公新書）

このように大徳寺は、権力に媚《こ》びず、己の生き方を貫く名僧を輩出していったのである。

コラム5 銀閣には金閣同様、箔が貼られていたか、いなかったか？

気になるだろうから答えを先に言うと、銀箔《ぎんぱく》は貼られていなかったようだ。

京都府が二〇〇九年から屋根の葺《ふ》き替えと老朽化にともなう修復をおこなったが、その前に外壁のサンプル調査をしたところ、銀の成分が検出されなかったからだ。つまり、はじめから銀箔など貼られていなかったのである。

創建当初の外壁には黒漆《くろうるし》が塗られていた。これが経年変化によって漆が剝《は》がれて板がむきだしになり、その板の厚さも半分の一センチ程度になっている箇所もあった。そこで京都府は創建当時の黒漆を塗ることを計画したが、慈照寺《じしょうじ》側は「東山《ひがしやま》文化を代表する枯淡《こたん》の美が失われる」と反対した。確かに銀閣の外壁は美しい木目を見せており、これが漆で塗装され黒光りしてしまうと、銀閣のイメージは根底から崩れてしまう。

結局、部分補修にとどめて現状を維持することになり、四年におよぶ修理は完了した。

よく知られているように、銀閣のある慈照寺は、室町幕府の八代将軍・足利義政《よしまさ》の山荘（別荘）だった。だが、意外なことに、その前は浄土寺《じょうどじ》と称する天台宗の寺院だったのである。それが応仁《おうにん》の乱の戦火で焼失してしまい、その跡地に義政が山荘を建てたのだ。

義政は将軍でありながら、十一年も続く応仁の乱を収拾しようともせず、政治は正妻の日野富子《ひのとみこ》らに任せきりにしていたという。そういった意味では、政治的な無能者であったが、能や連歌、茶や庭づくりなどを趣味とし、芸術的センスは超一流だった。そんな義政は、祖父の義満《よしみつ》（三代将軍）が建てた北山《きたやま》山荘（鹿苑寺《ろくおんじ》の金閣）のような別邸を建てるのが長年の夢だった。

そこで戦後、東山に山荘をつくり始めたのだ。そして山荘が完成する前からこの地に移り住み、庭園づくりは自ら指揮したほどであった。ただ、応仁の乱のために幕府の蓄えは尽き、山城国《やましろ》や大和国《やまと》の農民らを強引に動員し、庭の石や植木は他の寺院から無理やり集めたといわれる。

義政は、西指庵《せいしあん》、東求堂《とうぐどう》、会所《かいしょ》など次々と建物をつくり、長享《ちょうきょう》三年（一四八九）三月、観音殿《かんのんでん》の上棟《じょうとう》式をおこなった。ところが、それからまもなくして病《やまい》にかかり、数カ月後の翌年正月、この山荘で五十五年の生涯を閉じてしまった。ちなみに、この観音殿が後の銀閣である。だから義政は完成した銀閣の姿を目にできなかったようだ。

なお銀閣は、上層が花頭窓《かとうまど》が配置された禅宗様《ぜんしゅうよう》建築でつくられ、下層がこの時代最新の書院造《しょいんづくり》になっている。書院造は畳や襖《ふすま》、明障子《あかりしょうじ》や違い棚、付書院《つけ》がある部屋のこと。つまり、後の和室である。すなわち、この慈照寺から日本の伝統である和室様式が広まったといえるのである。そういった意味で、政治的に無能な義政の文化的な功績は大きいといえよう。

第十一章

延暦寺はなぜ、清盛と信長に怖れられたか

清盛のトラウマとなった事件とは？

白河《しらかわ》上皇は、堀河《ほりかわ》・鳥羽《とば》・崇徳《すとく》の三天皇の四十三年にわたって「治天《ちてん》の君」として政界に君臨し、院政をおこなった。それまでの慣習にとらわれず、勝手に人事をおこなったし、寺の落成式が雨で三度中止になったのに腹を立て、雨水を器に入れて獄につないだりもした。

そんな絶対的権力者ともいえる白河が「思い通りにならぬのは、賀茂川《かもがわ》の水、双六《すごろく》の賽《さい》、山法師《やまほうし》だけだ」（「天下三不如意《ふにょい》」）と述べたのは有名な話である。

山法師というのは、比叡山延暦寺《ひえいざんえんりやくじ》が自衛のために組織した武装した僧侶のことである。興福寺《こうふくじ》など、この頃の大寺院は多くの僧兵《そうへい》を抱《かか》えていたが、延暦寺の僧兵は日吉《ひよし》大社の神輿《みこし》を担ぎ、大挙して比叡山から京都に下りてきて朝廷にさまざまな要求をつきつけた（強訴《ごうそ》）。

白河上皇以下、歴代の権力者たちはよほどのことがないかぎり、その訴えを

日吉社の御輿を担ぎ、強訴する延暦寺の僧兵
（『紙本著色山法師強訴図』部分、滋賀県立琵琶湖文化館所蔵）

聞き入れた。彼らは熱心な仏教徒だったから、仏罰《ぶつばち》を恐れたのである。

武士として初めて太政《だいじょう》大臣となり、平氏政権を樹立した清盛も、比叡山延暦寺だけには遠慮した。

彼の若い頃、祇園社《ぎおんしゃ》の御霊《ごりょう》会《え》で田楽《でんがく》を奉納したさい、郎党《ろうとう》たちが祇園社の神人《じにん》たちと口論となり、喧嘩《けんか》に発展して彼らに怪我《けが》をさせてしまう。祇園社は延暦寺の末社《まっしゃ》であったので、延暦寺は清盛の流罪《るざい》を鳥羽法皇に要求した。驚いた清盛は、事件に関係した郎党たち七名を朝廷に引き渡して謝罪した。けれど延暦寺は許そうとせず、大挙して強訴におよんだのである。

鳥羽法皇は院宣《いんぜん》を発して「強訴を取り上げて調査をおこない、処分について審議する。三日間だけ待ってくれ」と約束した。しかし議定《ぎじょう》（会議）では、清盛にさしたる罪はないとされ、罰金が科されるだけで済んだ。延暦寺はこれに激怒したが、鳥羽法皇が武士たちを比叡山のふもと西坂本《にしさかもと》へ派遣し、対決する姿勢をみせたので、延暦寺側も矛《ほこ》をおさめた。

しかし清盛は、この事件がトラウマとなり、極力、延暦寺とは対立しないようになったのである。

たとえば保元《ほうげん》の乱のとき、清盛は敵将の源為義《ためよし》の行方《ゆくえ》を探しに五百騎を連れて東坂本へ入り、付近の民家を探索した。坂本は、比叡山延暦寺の門前町であった。このため延暦寺の僧兵は「たとえ敵が隠れているといっても一言俺たちに知らせるべきを、いきなり乱入するなど前例のない狼藉《ろうぜき》だ。速やかに出ていけ」と怒って矢を射てきた。このとき清盛の郎党二名が僧兵に捕まったが、清盛はおとなしく引き上げている。事を荒立てたくなかったのだ。

なぜ、後白河と清盛の溝は深まったのか？

嘉応《かおう》元年（一一六九）十二月二十二日の深夜、延暦寺の僧兵三百名が神輿を担いで洛中《らくちゅう》に入り、高倉《たかくら》天皇のいる大内裏《だいだいり》に乱入しようとした。

これより前、延暦寺の僧兵は、尾張《おわり》国の知行《ちぎょう》国主・藤原成親《なりちか》の流罪を要求していた。成親が任じた尾張国守藤原家教《いえのり》（成親の弟）の目代《もくだい》（国守の代理として現地で政務をとる役人）が、延暦寺領の美濃《みの》国安八《あはち》郡平野《ひらの》荘の住人に乱暴を働いたからだ。

けれど、朝廷が訴えを取り上げようとしないので、強訴に来たのである。ただ、今回の強訴は、それまでとは異なっていた。いままでは、権力を握る後白河法皇のもとに僧兵たちは押しかけたが、今回は高倉天皇の内裏へ向かったのだ。

これを知った後白河は「強訴なら、自分のところに来るように」と人を送って申し伝えたが、僧兵は黙殺した。理由は不明だが、成親が後白河と男色関係を噂《うわさ》される寵臣《ちょうしん》だったので、後白河に強訴しても願いは聞き入れられないと考えたのかもしれない。

この事態を受けて後白河は議定を開き、意見を求めた。すると検非違使別当《けびいしべっとう》の平時忠《ときただ》が「内裏に武士を送り、鎮圧すべきです」と主張した。これに後白河は同調したが、公卿《くぎょう》の多くが消極的な意見を述べた。だが後白河は自分の主張を押し通し、平重盛《しげもり》（清盛の嫡男《ちゃくなん》）に「五百騎を率いて内裏へ向かえ」と指示したのである。

しかし重盛は「もう夜です。闇の中で内裏へ攻め入れば、どんなことが起こるかわかりませぬ」と、命令を拒んでしまう。おそらく清盛から「延暦寺の僧兵と事をかまえるな」と厳命されていたのだろう。

仕方なく後白河は再び議定を開き、結局、成親を免官とし、備中《びっちゅう》国へ配流《はいる》することに決めた。裁定に満足した僧兵は、内裏から意気揚々と引き上げていった。

だが、十二月二十七日になって事態が急変する。なんと後白河は、延暦寺の天台座主《てんだいざす》・明雲《みょううん》が持つ、高倉天皇の護持僧《ごじそう》の資格を剝奪《はくだつ》したのである。さらに幽閉《ゆうへい》されていた成親を元の役職に復帰させ、翌年正月五日には警察庁の長官にあたる検非違使別当に任じたのだ。この職には、僧兵の強訴を取り締まる仕事も含まれていた。

これを知った延暦寺も驚いたろうが、重盛も仰天《ぎようてん》し、摂津《せつつ》国福原《ふくはら》の清盛のもとへ向かった。結果、清盛自身が上洛《じようらく》して後白河に諫言《かんげん》したらしい。

このため後白河は態度を変え、延暦寺に対し「今回は要求をのんでやるが、今後、強訴は認めない」と態度を軟化させ、さらにしばらく経つと、しぶしぶ議定の決定を受け入れた。こうして成親は官職を解かれた。これを嘉応の強訴と呼ぶが、蜜月《みつげつ》関係にあった清盛と後白河の間に大きな溝が生まれた。

延暦寺の僧兵をめぐる事件は、治承《じしよう》元年（一一七七）に再び起こる。加賀《かが》国の一宮《いちのみや》である白山《しらやま》社の末寺・宇河寺の神人と加賀国の目代とのあいだで乱闘事件が起こり、目代が宇河寺を焼き打ちにした。

このため白山社の本寺《ほんじ》である延暦寺が、加賀国の目代を処罰せよと強訴におよんだのだ。朝廷は要求を受諾《じゆだく》し目代を配流処分としたが、さらに僧兵は加賀守・藤原師高《もろたか》の処罰も求め、高倉天皇の御所《ごしよ》に乱入して神輿を放置するという行動に出た。

後白河はこのとき、僧兵の乱暴を防ぐために内裏の内侍所《ないしどころ》（三種の神器《じんぎ》の鏡が保管してある場所）の守備を平経盛《つねもり》（清盛の異母弟）に命じた。ところが経盛は、「福原にいる清盛の指示がなければ動けません」と命令を拒否したのである（異説あり）。

「またか」という思いで、後白河は腹が煮えくりかえったろう。

最終的に朝廷は、師高を尾張国へ流すことにした。ところが、この決定に文句をつけたのが、師高の父親の西光《さいこう》（藤原師光《もろみつ》）であった。彼は後白河の近臣であり、院庁の財政を管轄している実力者だった。西光は「息子を処罰するなら、延暦寺も処罰してほしい」と後白河に直訴《じきそ》した。

僧兵の横暴に兼ねてから腹を立てていた後白河は、翌五月、天台座主・明雲の屋敷に検非違使を派遣し「今回の騒動を起こした僧兵たちを引き渡せ」と命じ、明雲を謀叛《むほん》の罪で逮捕して座主を罷免《ひめん》、拷問《ごうもん》を加えたうえで伊豆《いず》国へ配流したのである。

これに反発した僧兵たちは、配所へ向かう明雲の身柄を奪い返した。後白河は激怒し、平重盛に僧兵の討伐を指示した。だが重盛は、またも躊躇《ちゅうちょ》して動こうとしなかった。

すると業《ごう》を煮やした後白河は、なんと、直接福原にいる清盛に対し、比叡山の総攻撃を厳命したのである。このため清盛は窮地に立ってしまった。

だが、ある事件がきっかけで、その状況は一気に解消される。

比叡山と琵琶湖（『東海道名所之内 比叡山』、国立国会図書館所蔵）

六月一日、院の近臣たちが密《ひそ》かに平氏打倒を計画していることが露見したのだ。世にいう鹿ヶ谷《ししがたに》の陰謀である。東山のふもと鹿ヶ谷には俊寛《しゅんかん》の山荘があり、そこで話し合いはおこなわれたが、これを知った清盛ら平氏によって一網打尽《いちもうだじん》となったのである。結果、後白河一派は失脚し、延暦寺討伐は中止となった。

信長はなぜ、比叡山を焼き討ちしたのか？

鎌倉時代、室町時代になっても比叡山は僧兵を蓄え続け、そのまま戦国時代を迎えることになった。

永禄《えいろく》十一年（一五六八）、織田信長は室町幕府十三代将軍・足利義輝《よしてる》の弟・義昭《よしあき》を奉じて上洛し、室町幕府を復興して義昭を十五代将軍にすえた。そして将軍のもとで天下布武《てんかふぶ》を実現させるため、畿内《きない》の諸大名に対して上洛を求めた。

だが、越前《えちぜん》の朝倉義景《あさくらよしかげ》がこれに従おうとしない。そこで信長は、永禄十三年（一五七〇）四月、三万の軍勢で朝倉氏の本拠地である一乗谷《いちじようだに》へと向かった。ところがこのとき、全く予想もしない事態が起こった。北近江《おうみ》の浅井長政《あざいながまさ》が織田家との同盟を裏切り、信長軍の退路を断ったのである。じつは長政は信長の義弟であった。信長は絶世の美女といわれた妹のお市《いち》を長政に嫁《とつ》がせて同盟を結んでいた。だから信長にとってはまさかの出来事だった。

だが、浅井氏は古くから朝倉氏とも同盟関係にあった。ゆえに長政は最終的に朝倉のほうを選んだのだ。かくして朝倉と浅井に挟撃《きょうげき》されるかたちとなった織田軍は、前後から激しく攻め立てられて壊滅した。このとき信長は、身一つで命からがら京都へ逃げ戻っている。

態勢を立て直した信長は同元亀《げんき》元年（一五七〇）六月、北近江へ侵攻し、長政の居城小谷《おだに》城を包囲して城下を焼き払い、さらに矛先を転じて横山《よこやま》城を激しく攻め立てた。同城は、浅井氏にとって諸城との連絡をとるための重要拠点だった。信長はここを攻撃することで、長政を城外へ引き出そうとしたのである。

作戦は見事に成功する。焦《あせ》った長政は、朝倉氏の援軍を待たず姉川《あねがわ》の北岸に出兵してきた。信長はこのとき、友軍の徳川家康をともない、総勢三万の大軍を率《ひき》いていた。だが翌日に朝倉軍一万が着陣、浅井・朝倉連合軍も二万となった。

合戦は六月二十八日早朝、浅井・朝倉連合軍が姉川を渡河《とか》してきたことではじまった。織田・徳川連合軍は十二段構えで迎撃したが、すさまじい激戦になったようで、最終的に信長が勝利をおさめたものの、誇張もあろうが、両軍あわせて一万五千の犠牲者が出たと伝えられる（姉川の戦い）。

それからも浅井・朝倉と信長の敵対関係は続いた。翌元亀二年（一五七一）八月、信長は浅井長政の小谷城を攻めたあと、常楽寺《じょうらくじ》に入っている。ところが何の前触れもなく翌十二日、いきなり比叡山延暦寺へ向かったのである。

比叡山延暦寺は、織田軍に敗れた浅井・朝倉の兵が比叡山に逃げ込んでくると、これをかばうなど、信長の神経を逆なでしていた。しかも数千の僧兵を抱え、戦国大名に匹敵する一大軍事力でもあった。それが京都の北の山にいるというのは、極めて目障《めざわ》りであった。

もちろん信長も、何の予告もなく延暦寺へいきなり襲いかかったわけではない。事前に警告を発していた。『信長公記《しんちょうこうき》』（太田牛一著・桑田忠親校注 新人物往来社）には次のようにある。

「山門《さんもん》の衆徒《しゅと》召し出《い》だされ、今度、信長公へ対して御忠節仕《つかまつ》るに付《つき》ては、御分国《ぶんこく》中にこれある山門領、元の如《ごと》く還附《かんぷ》せらるべきの旨《むね》御金打《きんちょう》なされ、其の

信長による比叡山焼き討ち（『絵本太閤記』、国立国会図書館所蔵）

上、御朱印をなし遣《つか》はされ、併せて、出家の道理にて、一途《いちず》の贔屓《ひいき》なりがたきに於《お》いては、見除仕り候《そうら》へと、事を分ちて仰《おお》せ聞かさる」

　このように、自分に味方してくれたら、延暦寺の所領は元のようにすべて返還すると、朱印状まで渡し、仏教の精神として片方に味方できないというのなら、傍観《ぼうかん》してもらうだけでけっこうだと頼んだのである。

　ただ、「若《も》し、此《こ》の両条違背《いはい》に付きては、根本中堂《こんぽんちゅうどう》、三王廿《にじゅう》一社を初めとして、悉《ことごと》く焼き払はるべき趣、御《ご》諚《じょう》候へき」（前掲書）と警告した。

　だが、それを無視して延暦寺が浅

井・朝倉の兵を比叡山に引き入れるなどしたため、信長はついに焼き打ちを挙行したのである。

延暦寺は根本中堂以下、諸堂社ほとんどすべてが焼き払われ、叡山にいた三、四千人の男女は皆殺しにされたという。

数百年ものあいだ、比叡山は王城鎮護《おうじようちんご》の霊場として貴賤《きせん》から絶大な信仰を集めていた。このため、信長の重臣たちの中には仏罰を恐れ、焼き打ちをためらう者もあり、なかには「悪僧は仕方ありませんが、高僧は助命したらどうでしょう」と進言する者もあった。

が、信長はこれを黙殺した。このため、国宝、経典《きようてん》、古典類などは焼亡し、比叡山からは四日間黒煙が上がり続けた。

なお、近年は信長が主に焼き打ちしたのは比叡山の山中ではなく、麓《ふもと》の門前町・坂本だったという説が強くなっている。この時期、延暦寺の堂宇《どうう》の多くは、不便な山上ではなく、麓の坂本あたりに集中していたようなのだ。というのは、発掘調査の結果、比叡山の山中から建物の焼け跡があまり見つからないのである。

いずれにしても、当時の延暦寺の僧侶たちの多くは肉食や女犯《にょぼん》をしており、金銭の貯蓄に励むなど、堕落《だらく》しきっていたという。

「山下の男女老若、右往左往に癈忘《はいもう》致し、取る物も取り敢へず、悉《ことごと》く、かちはだしにて、八王寺山《はちおうじやま》へ逃げ上り、社内へ逃げ籠《こも》る。諸卒《しょそつ》四方より鬨《とき》音を上げて攻め上る。僧俗・児童・智者・上人、一々に頸《くび》を切り、信長の御目に懸《か》くる。是《こ》れは山頭に於いて、其の隠れなき高僧・貴僧・有智の僧と申し、其の外、美女・小童、其の員《かず》をも知らず召し捕へ召し列《つ》らぬる。御前へ参り、悪僧の儀は是非に及ばず、是れは御扶《たす》けなされ候へと、声々に申し上げ候と雖《いえど》も、中々御許容《きょよう》なく、一々に頸を打ち落とされ、目も当てられぬ有様なり。数千の屍《かばね》算を乱し、哀れなる仕合せなり」（前掲書）

このように信長は、坂本の老若男女を含め、高僧も悪僧も関係なく、ことごとくその首を斬って殺害したのである。戦後、坂本を含め比叡山一帯は、明智《あけち》光秀《みつひで》が領することとなり、比叡山の所領はすべて没収され、信長の生きているうちは決して再興は許されなかった。こうして王城鎮護の地は、完全に地上から消滅したのである。

第十二章

石山本願寺はなぜ、織田信長に対抗できたか

なぜ、蓮如は信者を爆発的に増やせたのか？

石山本願寺《いしやまほんがんじ》は、今はもう存在しない寺である。ただ、石山本願寺を拠点とした顕如《けんにょ》は、あの織田信長と十年にわたって戦い続け、大いに苦しめた。そんなことからこの石山戦争は、日本史の教科書にも必ず登場するので、おそらく知らない人はいないだろう。

しかしなぜ、石山本願寺は強大な軍事力を誇る信長を相手に、堂々と渡り合うことができたのだろうか。教団の知られざる歴史を辿《たど》るとともに、教団が東西分裂した原因についても紹介しよう。

石山本願寺はかつて、現在の大阪城が建っている場所にあった。城内には跡地推定地として石碑が建つが、大要塞だった同寺の痕跡《こんせき》をもはやうかがうことはできない。

そんな石山本願寺を創建したのは、浄土真宗《じょうどしんしゅう》本願寺派の第八世蓮如《れんにょ》であった。

蓮如は、一代で弱小教団だった本願寺を中興した人物である。

彼が法主《ほっす》に就いた頃、京都の本願寺は全く振るわず、天台宗《てんだい》の比叡山延暦寺の末寺《まつじ》である青蓮院《しょうれんいん》の庇護《ひご》を受けるほど落ちぶれていた。ところが蓮如は、天台宗からの独立を決意し、天台系の経典《きょうてん》や仏像を破却し、積極的に親鸞《しんらん》の教えを伝道していった。

これに激怒した延暦寺の僧兵たちは、本願寺をめちゃくちゃに破壊してしまう。それでも蓮如はしばらく潜伏《せんぷく》しながら布教活動を続けたが、文明《ぶんめい》三年（一四七一）、思い切って越前《えちぜん》国吉崎《よしざき》に新天地を求め、ここで多大な信者を獲得していった。

成功の要因は、御文《おふみ》を用いたことにあった。これは、門徒にあてた蓮如直筆の書簡で、漢字仮名交じりのやさしい口語体で記されている。膨大な親鸞の原典を徹底的に読み込み、その中から教義を厳選し、それをかみ砕《くだ》いたことで、誰でも理解できるすぐれた文章となった。

しかも蓮如は、御文で布教するにあたり、弟子《でし》たちに具体的な「伝道マニュアル」を渡したのである。そこには、「御文を読んでいるとき、人びとが眠そうな顔をしたり退屈したら、すぐに中断して楽しい話や雑談で座をなごませ、気分を一新したところで、もう一度読みはじめなさい」とある。また、「ときには、あなたが能を演じたり、酒をふるまって信者を楽しませるといい」など、具体的なアドバイスが満載されていた。

蓮如は、主な布教対象を職人、商人、農民、女性など一般の庶民にしぼった。とくに女性に対し、「あなたは今生《こんじょう》で極楽に行くことができる」と約束した。

現世における女人往生《にょにんおうじょう》は、画期的な教えであった。仏教では、女性は罪深い存在だとされ、いくら仏教を信仰しても極楽に行けないとされていた。では、どうすればよいのかというと、仏教を崇拝《すうはい》して来世でいったん男に生まれ変わり、そのうえで、次に死ぬときに往生できるのだという。男より一つ多く生を重ねなくてはならないのだ。

ところが蓮如は「阿弥陀如来《あみだにょらい》は、罪深い女性を率先して救ってくださるのだ」と断言したものだから、女性の信者が殺到し、それにつられてその夫や息子も入信、爆発的に信者が増えていったのである。

さらに蓮如は「おれは、門徒に養われているのだ」と公言し、仏のもとに人間は平等だと述べた。門徒たちは大いに喜び、自分たちの平等な社会をつくろうと、武士の支配に反抗し、徒党《ととう》を組んで武力蜂起《ほうき》するようになった。これがいわゆる一向一揆《いっこういっき》だ。蓮如はそうした過激な行為をいさめたものの、加賀《かが》国では守護の富樫《とがし》氏を駆逐《くちく》し、門徒たちの支配する国が成立している。

こうして北陸で強大な教団をつくった蓮如は、再び京都の山科《やましな》に戻ってきた。いわば凱旋《がいせん》帰国である。やがて引退した蓮如は、八十二歳の明応《めいおう》五年（一四九六）、隠居所として摂津国大坂の地に石山御坊《ごぼう》（御堂）を建てた。

これが、石山本願寺のはじまりであった。その後、本願寺の門徒たちは日蓮《にちれん》宗の町衆や戦国大名の六角定頼《ろっかくさだより》に迫害《はくがい》され、京都の山科本願寺も焼き打ちされたため、当時の法主である証如《しょうにょ》は、石山本願寺に拠点を移した。

信長と長年戦った顕如は、そんな証如の長男として天文《てんぶん》十二年（一五四三）に生まれ、法主となってからは「国中の富はこの人物が所有している」と宣教師に言われるほど、莫大な上納金を門徒から集めていた。

顕如と信長の、虚々実々の駆け引き

元亀《げんき》元年（一五七〇）、織田信長が顕如に対し石山本願寺の引き渡しを求めたことで、顕如は対信長戦に踏み切った。

顕如は全国の門徒に対して「上洛《じょうらく》してきた織田信長にたいへん迷惑している。二年前から難題をふっかけ、ひどい要求を出し、それに応じているのに、その甲斐《かい》もなくこの寺を壊すというのだ。どうか身命を顧《かえり》みず、忠節を尽くして欲しい」と檄文《げきぶん》を送って挙兵を促《うなが》した。

この檄に呼応して、伊勢長島《いせながしま》で一向一揆が蜂起した。門徒らは南無阿弥陀仏《なむあみだぶつ》と書いた御旗《みはた》を押し立て、口々に念仏を唱《とな》えながら、すさまじい形相《ぎょうそう》で織田軍に迫ってきた。鉄砲さえ恐れることなく、味方が倒れてもそれを踏み越えて前進してきたのである。戦国大名どうしの戦いなら、ある程度、優劣がはっきりすれば戦いをやめる。最悪でも大将が死ねば、合戦は終わる。そうした常識が通用しないわけで、まさに難敵といえた。

顕如（『絵本石山軍記』、国立国会図書館所蔵）

元亀三年（一五七二）十一月、将軍・足利義昭《よしあき》が仲介して、顕如は信長と和を結んだ。ところがその義昭が信長との関係をこじらせた。すると義昭は信長包囲網をつくるが、顕如はそれに積極的に参加し、浅井《あざい》・朝倉《あさくら》・武田《たけだ》氏らと同盟を結んで再び信長と敵対するようになった。

だが、元亀四年（一五七三）に状況は激変する。信長を討つため大挙して上洛をはじめた武田信玄《しんげん》が四月に急死し、武田軍は甲斐へと引き返してしまう。さらに信長に叛旗《はんき》を翻《ひるがえ》した将軍・義昭が七月に京都から追放され、八月には浅井・朝倉が信長に滅ぼされてしまったのだ。

結果、同年十一月、顕如は仕方なく信長と再び講和したのである。

このおり信長は、顕如に貴重な天目茶碗《てんもくぢやわん》を贈ったり、「信者が石山本願寺への参詣《さんけい》するのは差し支《つか》えない」と公言するなど、長期にわたった石山戦争に終止符を打とうとする態度をみせた。

しかし、そうした平和な状況は長くは続かなかった。

翌天正二年(一五七四)正月、信長が支配していた越前国で一向門徒が信長の家臣を追い出し、自治をはじめたのである。顕如はこれを機に越前へ坊官《ぼうかん》(重臣)を送り、一揆を組織化して再び信長と戦いはじめたのである。

しかし織田軍は強かった。多大な犠牲を払いながらも同年九月、三度目の総攻撃で長島の一向一揆の門徒たちを皆殺しにし、さらに翌三年(一五七五)八月、越前一向一揆も平定したのである。

この不利な状況をみて顕如は、同年十月、信長に誓詞《せいし》を差し入れて和睦《わぼく》を求めた。

信長は何度も裏切られているので憤懣《ふんまん》やるかたない気持ちだったろうが、

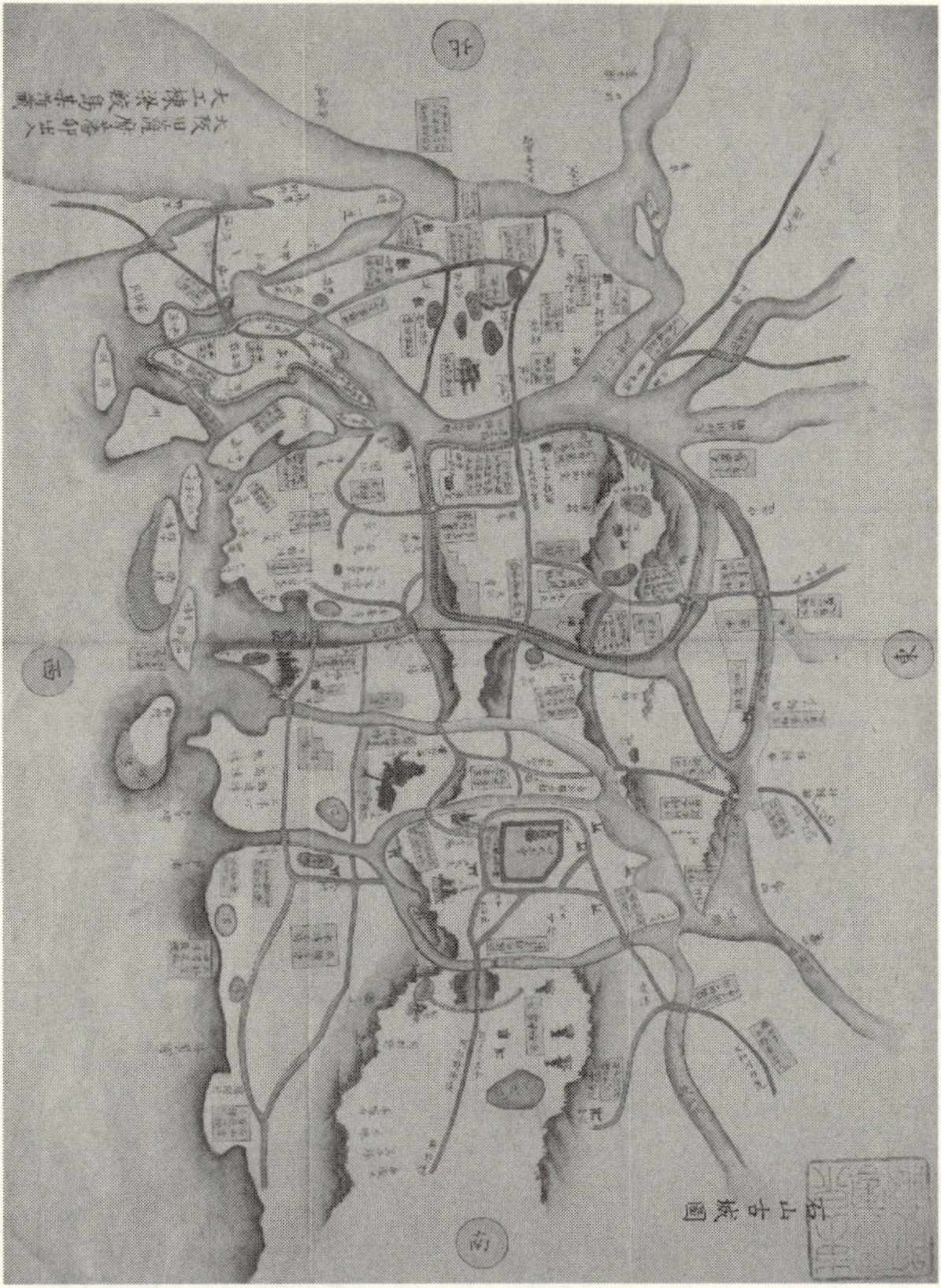

石山合戦の地勢と布陣を描いた『石山古城図』。
中央やや右上の柵で囲まれたところが、石山御坊（国立国会図書館所蔵）

渋々その申し出を受け入れた。

だが、顕如は老獪《ろうかい》だった。心底信長と和睦する意志などなく、次の戦いのための時間稼ぎだった。本願寺はこの間、周囲に幾重《いくえ》にも深い堀をめぐらし、周辺に五十一の砦《とりで》を築き、膨大な武器や弾薬、食糧を運びこんで対信長戦に備えた。

信長もバカではない。顕如の本音は承知のうえでの講和だった。じつは織田軍も相当に疲弊《ひへい》しており、同じく態勢を立て直す時間が必要だったのである。

天正四年（一五七六）四月、信長は石山本願寺を大軍で包囲し、総攻撃をはじめた。織田軍の兵は一斉に馬柵《うませ》を押し破って、本願寺の塀へ取り付いたが、本願寺側が櫓《やぐら》の上から激しく鉄砲を打ちかけたので退却した。

信長は本願寺を短期間では陥落《かんらく》できないと判断し、付城《つけじろ》を天王寺《てんのうじ》に築いてまたも持久戦に切り替えた。

いくら石山本願寺が大要塞だといっても、さすがに食糧事情が悪化してきた。そこで顕如は、中国の毛利《もうり》氏にたびたび救援を依頼した。

同年七月、兵糧《ひようろう》を満載した毛利水軍八百艘《そう》がやってきた。対して木津川《きづがわ》河口において織田水軍三百艘が迎えうったが、戦いは織田方の大敗に終わり、大量の兵糧が寺内に運びこまれ、大いに門徒たちの意気は上がった。

しかし翌天正五年（一五七七）三月に信長は、数千のすぐれた鉄砲隊を有する紀州《きしゅう》の雑賀《さいか》衆を平定した。これは、顕如にとっては大きな痛手であった。

さらに本願寺の同盟者だった越後《えちご》の上杉謙信《うえすぎけんしん》が翌年三月に急死してしまったのである。

けれどその後、播磨《はりま》の三木《みき》城主・別所長治《べっしょながはる》と摂津有岡《ありおか》城を領する織田方の重臣・荒木村重《あらきむらしげ》が信長に背《そむ》いたので、ふたたび本願寺の士気は上がった。

ところが同年十一月、兵糧を積んでやってきた毛利水軍六百艘が、九鬼嘉隆《くきよしたか》の指揮する鉄板を張った新鋭艦を含む織田水軍に敗北を喫してしまったのである。さらに三木城と有岡城も陥落してしまい、石山本願寺は全く孤立状態となってしまう。

そこで天正八年（一五八〇）三月を期して信長は、石山本願寺に総攻撃をおこなうと宣言した。この噂《うわさ》は本願寺内にも広まっていった。

なぜ本願寺は和睦し、東西に分裂したのか？

ところがそれより三カ月前の天正七年（一五七九）十二月二十五日、朝廷から石山本願寺へ勅使《ちよくし》が遣《つか》わされ、信長との和睦を打診してきたのである。これは信長が朝廷を動かした結果であった。

顕如はこのとき、「大坂（本願寺）退城仕《つかまつ》るべきの旨《むね》、忝《かたじけ》なくも禁中《きんちゆう》（朝廷）より御勅使なされ、門跡《もんぜき》、北の方、年寄ども如何《いかが》あるべきや否《いな》やの儀、権《けん》門《もん》を恐れず、心中の存知の旨趣《ししゆ》残らず申し出」（『信長公記』）よと皆にはかった。

すると長男の教如《きようによ》は、強く戦争の継続を願ったが、大方は和睦に傾いた。このため顕如は朝廷の勧めを受け入れ、翌天正八年（一五八〇）三月十七日、信長が出した講和条件をすべて承諾し、血判の誓紙を朝廷に差し出して講和したのである。

講和の条件は、本願寺側にとって悪いものではなかった。本願寺から人質を差し出し、顕如が石山の地を去れば門徒はすべて「惣赦免《そうしゃめん》」とし、末寺もそのまま存続を許し、加賀二郡を本願寺に返付するというものだ。

信長としても、石山本願寺との抗争を終結しなければ、いつまで経っても中国の毛利氏や北陸の上杉氏との戦いに専念できない。だから大幅に譲歩したのであろう。

天正八年四月九日、本願寺法主・顕如は信長との講和条件にしたがって大坂の石山本願寺を去り、紀伊国鷺森《さぎのもり》（和歌山市鷺ノ森）へ移った。

ところが教如は「信長は信頼できない。本願寺を出れば、必ず裏切るはずだ」と反発し、本願寺に立て籠《こ》もり続けていた。そこで顕如は、書簡で教如に和睦を勧め、各地の門徒には武装解除を命じた。

同年八月、教如はついに力尽きて信長に降伏、本願寺には火がかけられ、寺は三日三晩燃え続け、灰燼《かいじん》に帰した。ここに十年以上続いた石山戦争は終結を迎えたのである。

天正十年（一五八二）、本能寺の変で信長が殺された後も、顕如は豊臣秀吉の庇護《ひご》を受け、同十三年（一五八五）には大僧正《だいそうじょう》に任じられ、翌年、准后宣下《じゅごうせんげ》を受け、同十五年（一五八七）、准如《じゅんにょ》に本願寺法主を譲った。天正十九年（一五九一）には京都に本願寺（西本願寺）を移築し、翌年の同二十年（一五九二）十一月、中風《ちゅうぶう》のために五十年の生涯を閉じた。

顕如の思惑《おもわく》通り、江戸時代以降、加賀、越前の北陸をはじめ、中国、東海地方にも一向宗（浄土真宗本願寺派）が栄え、一向王国が現れた。しかし、それは支配者との妥協の上で、政治的要求を一切排除した純粋に宗教的な一向王国であった。

一方で、信長との講和をめぐって教如一派は父の顕如派と対立するようになり、本願寺教団は分裂状態となってしまった。教如は秀吉が死んだあと、江戸幕府を創設した徳川家康の庇護を受け、東本願寺を創設する。こうして東西の両本願寺が正統性をめぐって対立する状況が生まれてしまったのである。

コラム6 なぜ、織田信長は殺されたとき本能寺にいたのか？

天正《てんしょう》十年（一五八二）六月二日早暁《そうぎょう》、京都の本能寺《ほんのうじ》にいた織田信長は、重臣の明智光秀《あけちみつひで》率いる一万三千の兵に襲撃された。このとき本能寺には数十人の近習《きんじゅう》しかおらず、あっけなく信長は自害《じがい》して果ててしまった。

信長が最期《さいご》を迎えた本能寺は、日蓮宗《にちれんしゅう》の日隆《にちりゅう》が応永《おうえい》二十二年（一四一五）に開いた本応寺がはじまりとされ、永享《えいきょう》四年（一四三二）、寺名を本能寺と改めた。信長は記録に残っているだけでも、この本能寺に四度滞在している。

ただ、現在の本能寺がある場所は、信長最期の地ではない。かつては一・二キロほど西に位置する京都市中区《なかく》小川通《おがわどおり》六角下《ろっかくさが》ルにあったのだ。その地はいまは、老人福祉施設や消防署になっている。

二〇〇七年夏、建物の建設工事にともない発掘調査が実施されたが、本能寺の変のさいの焼け瓦《がわら》が大量に出土した。本能寺は天正十年だけではなく、それ以前に何度も火災に遭《あ》っている。そのため、本能寺の「能」は「ヒ」が二つ付き、それは「火」と同じ音で縁起が悪いということで、つくりを「去」という文字に替え「ほんのうじ」と読ませている。その文字を刻んだ瓦も、調査のときにはじめて出土した。

また、石垣で組まれた幅六メートル、深さ一メートルのL字型の堀が見つかった。なかなか立派な遺構だが、意外なことに、堀は境内すべてを囲むものではなく、敷地の北東部分約四分の一を取り巻くものにすぎなかった。長さにして四十メートル四方だ。これまで「本能寺の周囲は、深い堀や高い石垣で囲まれている。だから、信長はここを根拠地にしたのだ」といわれてきたが、どうやらそうでもなかったようだ。

さらに同年十二月、発掘された堀の内側から信長時代の建物跡が発見された。柱の間隔からみて、それほど大きな建物ではない。だが、今谷明《いまたにあきら》国際日本文化センター教授（当時）は、「この建物こそ、本能寺における信長の専用御殿だった」と断定。しかも変の当時、信長はこの小さな御殿にいたと主張した。もしそれが事実だとすれば、信長は本能寺の本堂ではなく、意外に簡素で狭いところで、その生涯を閉じたということになる。

また、二〇一六年に貴族の藤原為元《ためもと》邸跡で、戦国時代の本能寺跡地と考えられる場所が発掘されたが、一切、本能寺の遺構や遺物は出てこなかった。これまで本能寺は一町（約百九メートル）×二町（約二百十八メートル）の広さという説もあったが、どうやら一町四方で、思ったより小さかったようだ。

ちなみに現在の本能寺には、立派な信長の墓石がある。じつはあれ、信長の三男・信孝《のぶたか》が信長のために建てた墓。信長の葬儀は、後継者を自負する羽柴秀吉により大徳寺《だいとくじ》で大々的に執行されたが、秀吉と敵対していた信孝は参列せず、信長が亡くなった場所に墓をつくったのである。なお、焼失した本能寺はその後になって、現在地に移転したと考えられている。

第十三章

なぜ高野山は信長と戦い、降伏後に秀吉の支援を得られたか

武士にとっての高野山とは？

高野山《こうやさん》は、豊臣秀次《ひでつぐ》が亡くなり、関ヶ原合戦後に真田昌幸《さなだまさゆき》・幸村《ゆきむら》親子が流され場所でもあり、「罪を得た武士が赴《おもむ》くところ」という印象をお持ちの方も多いのではないか。

そもそも、武士にとって高野山とはいかなる存在なのか、また、信長や秀吉といった戦国時代の権力者といかに向き合ったのか。本章ではそれを明らかにしていきたい。

まずは、平維盛《これもり》から語っていこう。平清盛の孫である維盛（重盛《しげもり》の嫡男《ちゃくなん》）は、富士川《ふじかわ》の戦いや倶利伽羅《くりから》峠の戦いで大敗を喫し、それからは平氏一門の中で微妙な立場におかれるようになった。

平氏の都落ちのとき、妻子を残して一人で一門に同行したが、寿永《じゅえい》三年（一一八四）二月、屋島《やしま》から逃亡してしまった。どうしても妻子が忘れられなかったのだという。

けれど、源氏に制圧されている都に潜入して妻子と再会するのは無理だった。もし捕まってしまえば、南都《なんと》を焼き打ちした重衡《しげひら》のように捕虜の辱《はずかし》めを受け、処刑されるだろう。

こうした苦悩の果てに維盛は、紀州《きしゅう》の高野山へ向かったのである。ここには旧知の滝口入道《たきぐちにゅうどう》がいた。滝口入道はかつて維盛の父・重盛に仕《つか》えていた武士で、昔は斎藤時頼《さいとうときより》といった。建礼門院《けんれいもんいん》（維盛の叔母）に仕える横笛《よこぶえ》という女性に恋をしたが、父に反対されて思いを遂げられず、出家して高野山に入ったのである。だからきっと、妻子を思う自分の気持ちがわかる滝口入道に会いたかったのだろう。

維盛は清浄心院《しょうじょうしんいん》で修行していた滝口入道に案内されて高野山の諸堂をめぐり、その後剃髪《ていはつ》し、滝口入道とともに同じ紀州にある仏教の聖地・熊野《くまの》へと向かった。そして本宮《ほんぐう》、速玉《はやたま》、那智《なち》などを巡礼し、熊野参詣《さんけい》を終えると、小舟に乗って海へとこぎ出していった。

「補陀落渡海《ふだらくとかい》」を決行するためだ。この地で入水自殺《じゅすい》すれば極楽に往生《おうじょう》できると考えられており、当時は、入水する仏教者が跡を絶たなかった。この風習を

見た戦国時代のキリスト教宣教師のガスパル・ビレラは、

「彼らは大きい鎌をたずさえて船に乗る。手持ちのなかで最良の衣服を着し、各々《おのおの》が背中に大石をくくりつけ、袖《そで》にも石を満たし、一刻も速く天国に到着しようとする。そして沖に漕《こ》ぎ出た舟から、波濤《はとう》へ身を投じるのであるが、その瞬間に、彼らが大いなる歓喜を示すのを見たとき、この宣教師はまったく仰天《ぎょうてん》せざるを得なかった」（村上直次郎訳『耶蘇《やそ》会士日本通信』雄松堂書店）

と、その行為に衝撃を受けている。

自殺する直前、維盛は岸辺に乗り寄せ、大きな松の木に「祖父太政《だいじょう》大臣平朝臣《あそん》清盛公、法名浄海《じょうかい》。父親内大臣大将重盛公、法名浄蓮《じょうれん》。三位《さんみ》中将維盛。法名浄円《じょうえん》、生年廿《にじゅう》七、寿永三年三月廿八日」と刻みつけた。

きっと富士川合戦で戦わずしておめおめと逃げてきた維盛に対し、一門は冷たい視線をなげかけたのだろう。あるいは、無意識に軽んじるようになったのかもしれない。そうした負い目が、一門からの離脱に繋《つな》がったのだろう。

ただ、いざ死ぬときになって「俺こそが、平氏の嫡流であるのに」という、ある種、怒りに似た感情が心の底からわき上がり、その気持ちを大木に刻みつけたように思えるのだ。

その後、再び大海原にこぎ出した維盛は「あはれ人の身に、妻子といふ物をばもつまじかりけるものかな。此世《このよ》にて物を思はするのみならず、後世菩薩のさまたげと成《なり》ける口をしさよ。只今《ただいま》も思ひ出るぞや。か様の事を心中に残せば、罪ふかゝらむなる間、懺悔《さんげ》する也」（梶原正昭・山下宏明校注『平家物語㈣』岩波文庫）と滝口入道に語りかける。

平維盛（『武者かゞ美 一名人相合 南伝二』、国立国会図書館所蔵）

確かに、妻子の有無によって、男の行動は大きく左右される。それは、仏教でいうところの「執着《しゅうじゃく》」以外のなにものでもない。釈迦《しゃか》は、妻子を捨て去って悟りを開いた。同時代の西行《さいぎょう》も、追いすがる妻子を足蹴《あしげ》に

高野山の雲海

して、出家したという。

維盛は執着を最後まで断ち切れなかった。だが、そのほうが人間らしくもある。

この泣き言を聞いた滝口入道は、維盛を強く励ました。その言葉に気持ちを新たにした維盛は、西に向かって高らかに念仏を唱《とな》えながら海に飛び込んだという。

滝口入道は、高野聖《こうやひじり》であった。

高野聖というのは、高野山に住む半僧半俗の念仏行者《ねんぶつぎょうじゃ》である。真言宗《しんごんしゅう》の密教《みっきょう》ではなく、平安時代中期から大流行していた念仏による極楽往生を信じ、全国各地に赴いて行商をしつつ、弘法大師空海《こうぼうだいしくうかい》による救済を説《と》いて勧進《かんじん》をおこなう者たちだ。

こうした人びとの活動によって、高野山に骨や髪の一部を納めたり、お経を書写して埋める貴族や武士も増えていった。とくに戦国時代になると、大名たちが高野山にある諸寺院と宿坊《しゆくぼう》関係を結び、菩提所《ぼだいしょ》や墓をもうけるようになった。やがてそれは、庶民層まで拡大していく。

さらに高野山は、アジール（避難所）としての役割を強く持つ聖地となった。険しい山中に存在することもあって、この場所に避難すれば罪が消えるのである。

信長が高野山を攻めた理由とは？

たとえば織田信長は、石山《いしやま》戦争が終わった天正《てんしょう》八年（一五八〇）、織田家の家老で石山本願寺《ほんがんじ》攻めの総指揮官だった佐久間信盛《さくまのぶもり》に使いを送り、十九条にも及ぶ折檻状《せっかんじょう》を突きつけた。

折檻状は信長の自筆であった。そこには、本願寺攻めのリーダーでありながら一つも良い活躍を見せなかったことをはじめ、はるか昔の落ち度をあげつらい、「お前が私に奉公してきた三十年間、比類なき働きをしたことはただの一度もなかった」と記し、最後に「一、此の上は、いづかたの敵をたいらげ、会《かい》稽《けい》を雪《すす》ぎ、一度帰参致し、又は討死《うちじ》する物かの事。一、父子かしらをこそげ、高野の栖《すみか》を遂げ、連々以《もっ》て、赦免然《しゃめんしか》るべきやの事」(『信長公記』)とあった。

このように、どこかの敵を倒して汚名を雪《すす》いで帰参するか、あるいは討ち死にするか。または親子そろって剃髪して高野山を住処《すみか》とし、長年許しを乞《こ》い続けるかの選択を迫ったのである。

しかしその後信長は、佐久間信盛父子を高野山へ追放することにした。このことからも、高野山に入ることで、俗世の罪が消えることがわかる。

同じような例として、それから十年後の天正十八年(一五九〇)、小田原《おだわら》征伐をおこなった豊臣秀吉が、敗れた北条《ほうじょう》氏の当主・氏直《うじなお》を高野山に追放している。ただ、氏直は翌十九年(一五九一)二月に赦免《しゃめん》され、一万石《ごく》の大名として復帰した(同年中に死去してしまうが)。

じつは高野山に入った佐久間信盛も、高野山を離れている。許されたわけではない。高野山にいてはならぬと信長から厳命されたのである。仕方なく信盛は、熊野へとあてもなく逃げ込んだ。身の回りの世話をしていた者たちにも見捨てられ、天正十年（一五八二）一月にのたれ死んだ。なんともむごいことである。

信長が信盛を高野山から出したのは、高野山との関係が悪化したからかもしれない。じつは高野山に、荒木村重《あらきむらしげ》の一党が逃げ込んだのである。摂津《せっつ》国有岡《ありおか》城主の村重は信長の重臣だったが、天正六年（一五七八）、にわかに信長に叛《はん》旗《き》を翻《ひるがえ》した。このため翌年に有岡城が落城すると、信長は荒木一族をことごとく処刑し、さらに城内にいた者を虐殺《ぎゃくさつ》した。

ただ、そのなかにうまく逃れて高野山に保護してもらった武士たちがいたのだろう。これを知った信長は、天正八年（一五八〇）、使者十名を高野山に派遣して彼らの引き渡しを要求した。

すると高野山側は、それについて返事をしないどころか、使者全員を殺害したのである。高野山は、自分たちのアジールに俗世の権力が入るのを断固拒否したのだ。

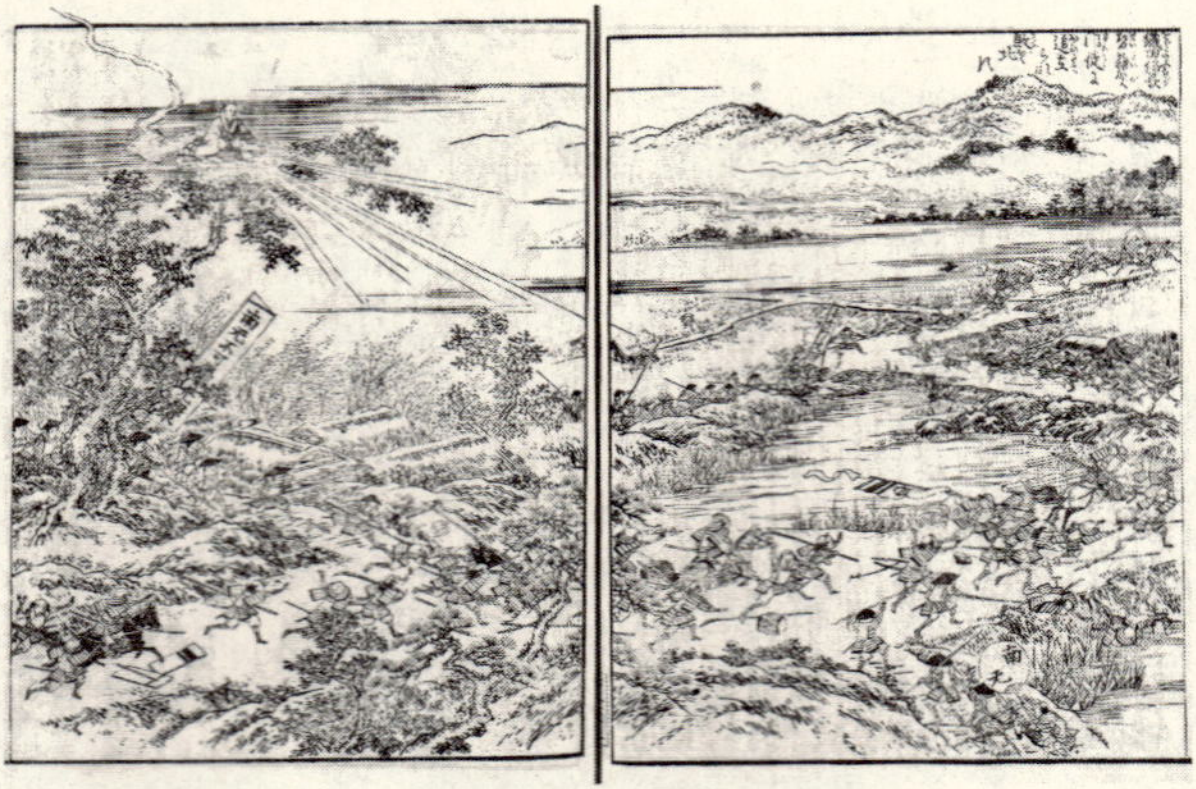

紀州で敗走する織田軍（『紀伊國名所圖會』、国立国会図書館所蔵）

　いずれにせよ、使者を殺された信長は、その報復として全国各地で勧進している高野聖を片っ端から捕らえ、天正九年（一五八一）八月、数百人を見せしめに殺した。そして十月から家臣の堀秀政《ほりひでまさ》らを派遣して高野山と連携する紀州根来寺《ねごろじ》を攻撃し、さらに高野山へ攻め上らせたのである。

　しかし高野山側でも武装して徹底的に抵抗。翌年、信長が武田《たけだ》征伐に力を注いだこともあり、戦いは膠着《こうちゃく》状態になった。さらに同年六月、信長が本能寺の変で殺されたことで、高野山は窮地を脱したのである。

木食応其はいかにして窮地の高野山を救ったのか？

信長の仇《かたき》を討った羽柴秀吉は、畿内《きない》に急速に力を伸ばし、天正十三年（一五八五）には敵対する徳川家康に味方した根来寺を攻めるため紀州へ入った。この寺院は、鉄砲隊を有する根来衆と呼ぶ一万近い軍事力を有していた。だが、羽柴軍の力は圧倒的で、ほとんど抵抗することができぬまま諸堂を焼かれた。続いて秀吉は、高野山に矛先《ほこさき》を向けた。

もはやかなわないと考えた高野山のリーダーたちは、客僧の木食応其《もくじきおうご》を秀吉のもとに遣《つか》わし、全面降伏を申し出たのである。

木食応其はこのとき五十歳であるが、前半生はよくわかっていない。近江国《おうみ》佐々木《ささき》氏の一族で三十八歳のときに高野山に入ったという。「木食」というのは、十穀を断って木の実だけを食する仏教の苦行である。そうした行《ぎょう》を続けている徳の高い僧であり、弁舌もさわやかだったのだろう。

会見の結果、秀吉は降伏を受け入れただけでなく、高野山の金堂《こんどう》の修繕費として三千石を寄進した。実母の逆修《ぎやくしゅ》（生前に死後の冥福《めいふく》を祈る）のためというのが名目だった。

さらに空海の眠る奥之院《おくのいん》でも、秀吉の生母・大政所《おおまんどころ》が大檀那《おおだんな》となって御廟《ごびょう》の再建がなされ、翌年、落成している。このように秀吉は、応其を大変信頼し、全面的に高野山の再興をバックアップするようになった。

天正十五年（一五八七）の九州征伐の和睦のさい、応其は秀吉に同行して島津《しまづ》氏に対して降伏を勧告している。そういった意味では、千利休《せんのりきゅう》のように秀吉の側近の役割も果たすようになっていたのだ。

なぜそこまで急速に両者が密接になったのかは全く謎である。もしかすると、旧知の間柄だったのかもしれない。だからこそ高野山の高僧たちは客僧の彼に自分たちの運命を委《ゆだ》ねたのだろう。たとえば、『木食応其覚書』という記録には、こんな話が載っている。

天正十四年（一五八六）七月、高野山の金堂が完成したので、お礼のため応其が秀吉のいる大坂城へ出向いたさい、秀吉は諸大名に向かって「高野山の木食と思うな。木食の高野山だと心得よ」と述べたという。

高野山は検地の結果、秀吉から一万一千石の寺領を認められていたが、天正二十年（一五九二）、さらに一万石が追加された。こうした秀吉の絶大な信頼のもとで、応其は荒廃していた高野山の諸堂のみならず、麓《ふもと》の橋やため池、水路、寺社などを次々と修復・新設していったのである。

文禄《ぶんろく》三年（一五九四）、豊臣秀吉は大政所の三回忌のため、わざわざ自分で高野山にのぼって青巌寺《せいがんじ》（現在の金剛峯寺《こんごうぶじ》）において追善供養《くよう》をおこなっている。青巌寺は、秀吉が亡き母のために応其に創建させた壮麗な寺であり、応其自身が住職となった。ただ、翌年、この青巌寺で豊臣秀次が腹を切っている。

秀次は秀吉の甥《おい》で、後継者として関白《かんぱく》にまでなったが、その後、秀吉に実子・秀頼《ひでより》が生まれると、じゃま者になったのか、謀反《むほん》の罪で高野山に追放されたのである。さらにその後、秀吉は謹慎している秀次に切腹を命じた。

ただ、「高野山はすべての罪が許されるアジールゆえ、いったん高野山に入れた秀次に秀吉が切腹を命じるのはおかしい」と考える学者もおり、本当は秀次が抗議の意味で、自ら命を絶ったのではないかという新説も出ている。応其は秀次とも親しく、彼が死ぬ間際も立ち会っていたという。

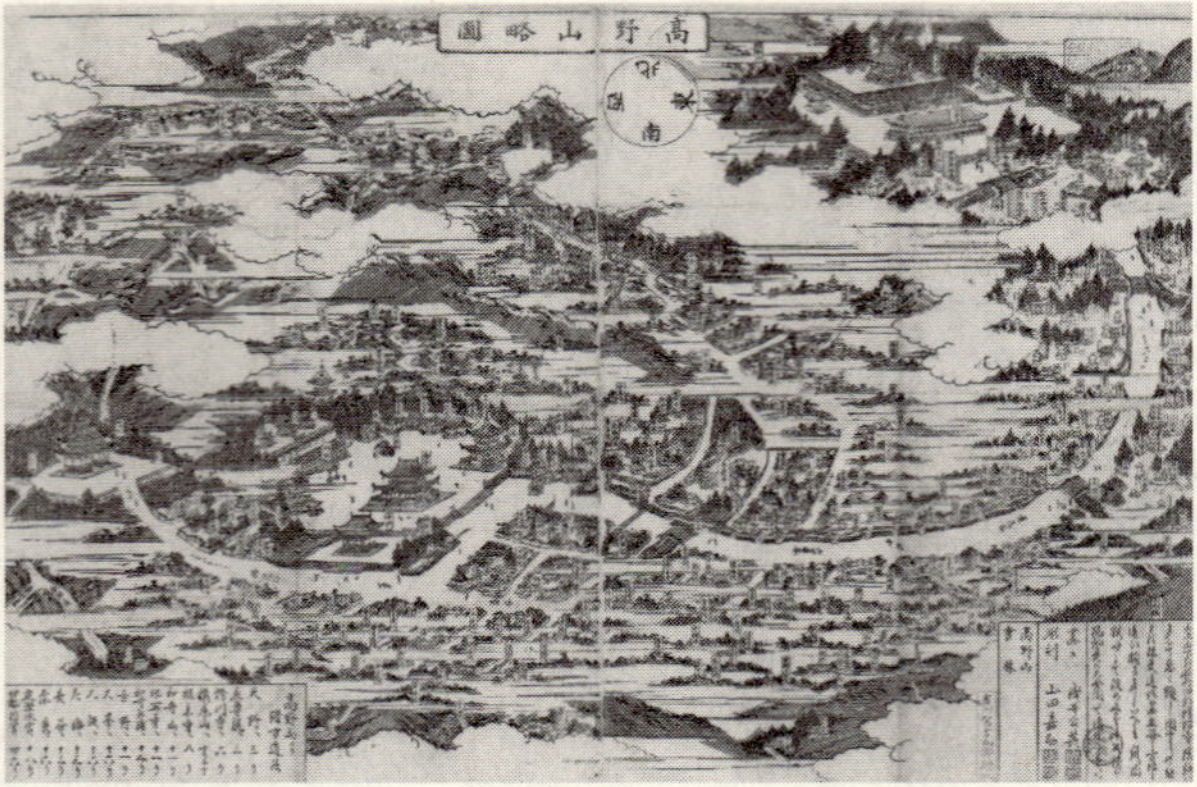

明治初年頃に描かれた高野山（『高野山略図』、国立国会図書館所蔵）

それから三年後、豊臣秀吉が死んだ。朝鮮出兵の最中でもあったので、その死は秘匿《ひとく》され、遺体は密《ひそ》かに伏見《ふしみ》城から大仏阿弥陀ケ峰《あみだがみね》へ移された。このとき迎えに出たのは応其であった。

こうして豊臣政権と結びついて高野山を発展させた木食応其は、慶長《けいちょう》十三年（一六〇八）十月一日に七十三歳で死去したのだった。

第十四章

東大寺を超える大仏殿が!?
豊臣家にとっての方広寺とは

秀吉が大仏造立に秘めた思い

今から十数年前、京都市東山区《ひがしやま》で巨大な仏像の台座《だいざ》跡と思われるものの一部が出土した。また、大仏殿と推定できる柱穴《ちゅうけつ》もこのとき発見された。

この場所が方広寺《ほうこうじ》の敷地だったことから、豊臣秀吉が奈良の大仏を模し、それを上回る規模でつくった大仏殿跡に違いないと結論づけられた。

方広寺といえば、「鐘銘《しょうめい》事件」で大坂の陣の引き金となったことで有名だが、かつて大仏が存在したことはあまり知られていないのではないだろうか。

しかもその大仏殿は、東大寺を凌《しの》ぐ規模だったという。それ以外にも、この寺には大坂の陣前後に数奇な出来事があった。果たして豊臣家にとって、方広寺はいかなる存在だったのだろうか。

そもそも方広寺の大仏の造立《ぞうりゅう》は、天正《てんしょう》十四年（一五八六）四月に決定された。前年、関白《かんぱく》となって新たな天下人《てんかびと》として歩みはじめた豊臣秀吉が、その威勢を国内に見せつけ、同時に豊臣家の繁栄を祈るためであった。

そんな大仏造立の造営奉行《ぶぎょう》に任じられたのは、別項で詳述した高野山の木食《もくじき》応其《おうご》であった。応其は高野山金堂《こんどう》の再建をはじめ、さまざまな寺社の修築、ため池や水路の整備などにたずさわった。建築・土木工事の指揮に長《た》けており、さらに根来《ねごろ》や奈良などの大工集団を抱《かか》え、多くの高野聖《こうやひじり》を動員できた。

それだけではない。高野山をはじめ紀州《きしゅう》は良材が多く、大量に木材が調達できる。しかも秀吉は、応其に絶大な信頼をおいていた。そんなことから白羽の矢が立ったのだろう。

ただ、大仏をつくることが決まってすぐ、造営事業が動き出したわけではない。本格的な工事が始動するまでには数年を要した。

まず土地の選定だが、当初、東福寺《とうふくじ》周辺を考えていたが、やがて三十三間《さんじゅうさんげん》堂《どう》の隣接地（実際は境内地《けいだいち》）に決定した。そしてようやく天正十六年（一五八八）頃に起工したようだ。

『多門院日記《たもんいんにっき》』の同年五月の項に「京ニハ大仏建立トテ、石壇《せきだん》ヲツミ土ヲ上テ、其上《そのうえ》ニテ洛中《らくちゅう》上下ノ衆ニ餅酒下行《げぎょう》シテヲトラセラルル」（『京都市国立博物館構内発掘調査報告書　法住寺殿跡・六波羅政庁跡・方広寺跡』公益財団法人　京都市埋蔵文化財研究所　編集・発行より引用）とあるからだ。

このとき上京《かみぎょう》から二千人、下京《しもぎょう》から二千人が動員され、酒や餅が振る舞われ、彼らは壇上で踊ったとあるので、おそらく「京の町衆を造成地上で踊らせることによって大仏殿の基盤を築き固めさせた」（前掲書）と考えられる。

また、近年の発掘調査の結果、「石塁《せきるい》の裏込めの中には石仏や五輪塔などの石造仏が多数含まれており、中には意図的に叩き割られたものもある」ことが判明している。

このため「大仏殿の礎造りに京の町衆の参加を強要するとともに、彼らの素朴な信仰対象をも部材として駆り出させたところに、方広寺造成の本質が現れている」（前掲書）とされているが、一方で石仏など長年信仰されてきた物質には、ものすごいパワーが秘められており、大仏の守護を祈念して裏込め石に使用された可能性もある。

いずれにせよ、応其は約十九メートルの木造仏をつくり、それがすっぽり収まる大仏殿をつくらなくてはならない。その大きさは、東大寺の大仏殿を遥かに超え、桁行《けたゆき》約九十メートル、梁行《はりゆき》約五十五メートルというものだった。応其は、紀伊《きい》国と大和《やまと》国から十人ずつ大工の棟梁《とうりょう》を呼んで互いに設計図をつくらせ、大和国の棟梁たちの案を採用して建設にとりかかったという。

本格的な建設は天正十八年（一五九〇）あたりからになったが、これより二年前、秀吉は全国に刀狩《かたながり》令を出している。農民の一揆《いっき》を防止するのが理由だったが、同令には「取りおかるべき刀、脇指《わきざし》、ついえにさせらるべき儀にあらず候《そうろう》の間、今度大仏御建立の釘《くぎ》、かすかひに仰《おお》せ付けらるべし。然《しか》れば、今生《こんじょう》の儀には申すに及ばず、来世までも百姓たすかる儀に候事」（『小早川家文書《こばやかわけもんじょ》』）とある。

文中の「大仏」はもちろん、方広寺大仏である。造立のさいに武器を溶かして釘やかすがいとして使用するので、その功徳《くどく》によって今生だけでなく来世も保証されると武器の供出《きょうしゅつ》を求めたのだ。

こうして大仏殿は文禄《ぶんろく》二年（一五九三）に上棟《じょうとう》式がおこなわれ、文禄四年（一五九五）に完成した。喜んだ秀吉は、さっそく同年九月、祖父母の供養を方広寺の経堂《きょうどう》で執行している。

ところが、である。文禄五年（一五九六）閏《うるう》七月、畿内を中心とした大地震が発生、このときの揺れで大仏殿は倒壊してしまったのである。

すると秀吉は「地震で壊れるような大仏なら、御利益《ごりやく》がないからそのままうち捨てておけ」と腹を立て、放置したという。そして、これにかわって、武田《たけだ》信玄《しんげん》によって甲斐《かい》に移されていた善光寺《ぜんこうじ》の本尊《ほんぞん》・善光寺如来《にょらい》像（阿弥陀《あみだ》如来）を方広寺の本尊にすると決め、応其に移送を命じたのである。

こうしてはるばる甲斐からやってきた仏像が新たに造営された方広寺の宝塔に収まり、慶長《けいちょう》三年（一五九八）八月二十二日に落慶《らっけい》供養が営まれることになった。

が、その四日前に秀吉は死去してしまい、善光寺如来はもとあった信濃《しなの》の善光寺へと戻されたという。

善光寺の伝承によれば、秀吉が亡くなる直前、阿弥陀如来様がその枕元に立ち、信濃の地に戻せと告げたので、秀吉はそれに従ったという。

方広寺の再々建。そのとき、家康は……

秀吉の死後、息子の秀頼《ひでより》は方広寺大仏の再建をはじめ、再び応其を監事（責任者）に任命した。今度の大仏は、金銅製にすることにした。ところが慶長七年（一六〇二、年代には異説あり）、火災によって寺は灰燼《かいじん》に帰してしまう。何とも不運な寺である。

そんな方広寺を、「秀吉の十七回忌の供養に再建するがよかろう」と強く豊臣家に勧めてきたのが、徳川家康だった。家康のねらいは、寺の再建によって豊臣家の財力を削《そ》ぐことにあったと考えられる。

そこで秀頼は、莫大な金銀を投じて方広寺の再々建にとりかかった。十数年前には、このとき使用した大仏の鋳型《いがた》の破片数十点が方広寺の石垣脇から出土している。

豊臣家では、方広寺の再建の資材を大坂方面から運ぶため、京都の豪商で大《おお》堰川《いがわ》に舟運《しゅううん》を開いた角倉了以《すみのくらりょうい》に依頼して、鴨川《かもがわ》を開削《かいさく》して舟を航行できるようにした。つまり大坂と京都が水路で直結したわけだ。まさに前代未聞のことで、その利便性に京都の庶民は大いに喜んだという。

かくして方広寺は、慶長十九年（一六一四）に再建され、同年八月、大仏殿の堂供養と大仏の開眼《かいげん》供養が挙行されることになっていた。ところが七月末になって、突然幕府から供養の中止命令が出されたのである。

「方広寺の梵鐘《ぼんしょう》の銘《めい》に、穏やかならざる呪《のろ》いの言葉が刻まれている」というのが、その理由だった。

問題となったのは長い漢詩のうち「国家安康《こっかあんこう》」「君臣豊楽《くんしんほうらく》」のフレーズであった。

「家康の文字を二つに引き裂いて呪詛《じゅそ》し、再び豊臣氏を君主とあおごう」というのだろうと、幕府は豊臣家に詰問《きつもん》してきたのである。いうまでもなく家康の目的は、豊臣家を挑発して戦争に持ち込み、同家を滅ぼしてしまうことにあった。それにしても、ヤクザの因縁《いんねん》より、愚劣《ぐれつ》で露骨な言いがかりだ。

これより三年前、家康は久しぶりに豊臣秀頼に再会していた。秀頼は十九歳。恰幅《かっぷく》の良い聡明な若者になっており、家康は周りの者にその賢さを褒《ほ》めちぎっている。

しかしこのとき家康はすでに七十歳。老い先短い身である。だからその若武者ぶりを目《ま》の当たりにして、「自分が死んだ後、この若者に政権を奪われてしまうのではないか」という危惧《きぐ》にとらわれても不思議はない。

さらに、秀頼が京都に来ると知った民衆たちは、その徳を慕って秀頼の行列に殺到し、涙を流し伏し拝《おが》んだ者も少なくなかった。

おそらく家康は、豊臣人気の大きさを改めて認識したものと思われる。しかもこのときはまだ、加藤清正《かとうきよまさ》や福島正則《ふくしままさのり》といった秀吉恩顧《おんこ》の大名たちが健在だった。

「もしこのまま豊臣家を存続させておけば、諸大名が秀頼を奉じて徳川家に牙《きば》を剝《む》く可能性がある。なんとしても自分の存命中に秀頼を亡き者にしてしまおう」

きっとこの会見で家康は、そう決意したのではないだろうか。

大坂の陣後の、方広寺の運命は

今回の梵鐘の件については、豊臣家の家老・片桐且元《かたぎりかつもと》は、家康との決定的な決裂に至らないと考え、気軽な気持ちで謝罪のために家康のいる駿府《すんぷ》に赴《おもむ》いた。ところが家康は、且元に会おうとしなかったのである。なおかつ、且元のところにやってきた徳川の重臣たちが口々に秀頼を非難した。

「これは、大変な事態である」

仰天《ぎょうてん》した且元は、「この上は、淀殿《よどどの》を人質として徳川方に差し出すか、あるいは秀頼が自ら国替えを願い大坂城を出るしか、家康の怒りを鎮《しず》める方法はない」と判断した。

且元の帰りが遅いのを心配した淀殿は、秀頼の乳母《うば》の大蔵卿局《おおくらきょうのつぼね》を駿府に遣《つか》わした。すると家康は且元への態度とは打って変わり、すぐに彼女と対面した。しかもとても機嫌が良かったという。この結果、且元と大蔵卿局の言い分が大きく異なり、豊臣の重臣たちは且元を徳川の回し者だと考えるようになる。このため、命の危険を感じた且元は、大坂城から退去した。

片桐且元は、徳川家康が豊臣家の家老に任じた人物である。それを追い出したという理由をもって、家康は諸大名に大坂攻めを命じた。こうして大坂冬の陣が勃発《ぼつぱつ》したのである。

その後、いったん講和したものの、翌慶長二十年（一六一五）、再度攻め寄

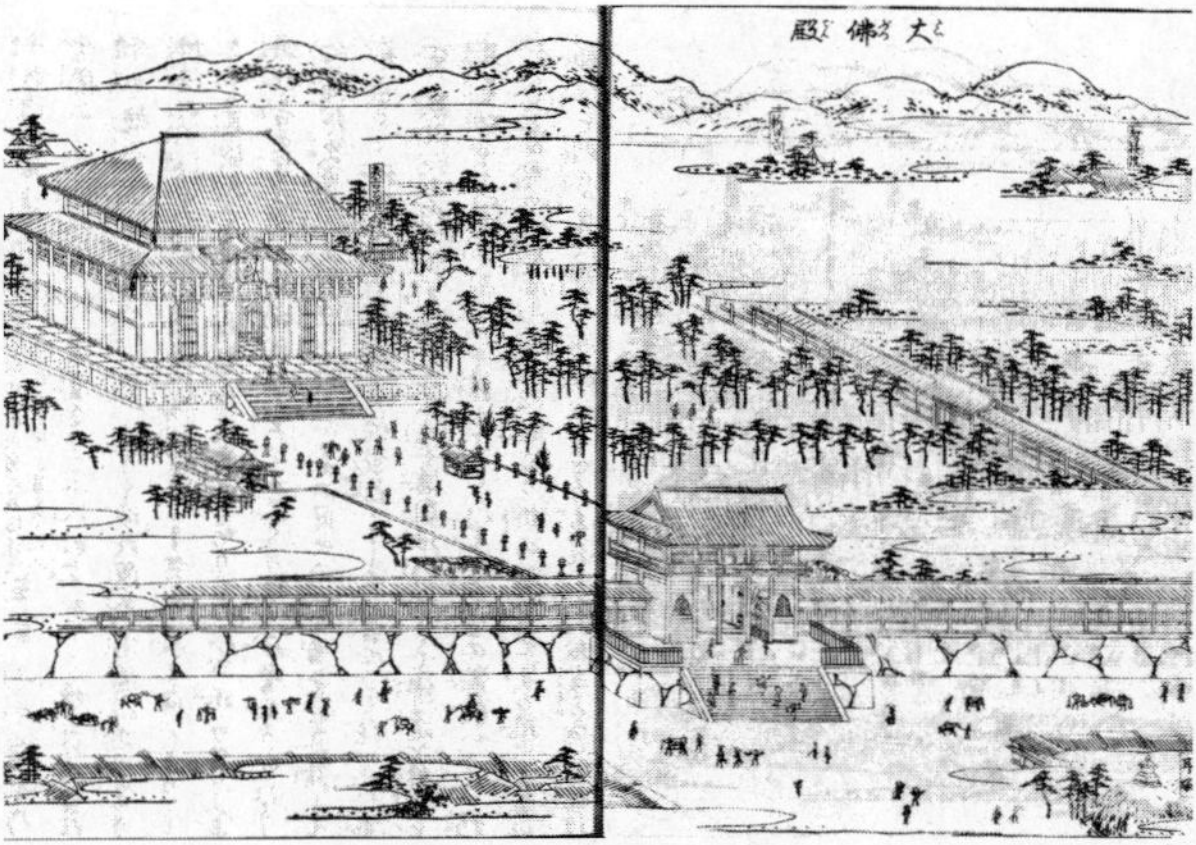

天明6年（1786）に出版された『都名所図会』で描かれた方広寺の大仏殿。大仏殿の中に、大仏の顔が見える（国立国会図書館所蔵）

せて城を落とし、秀頼を切腹に追い込んだのである（大坂夏の陣）。かくして豊臣家は、地上から消え失せた。

その後家康は、豊臣家の象徴であった大坂城を、上から土をかぶせて埋めたて、その上に徳川家の手による巨大な城をのせた。また、京都の豊国《とよくに》神社に、大明神《だいみょうじん》として祀《まつ》られていた秀吉から神号《しんごう》を剝奪《はくだつ》したうえ、豊国神社の社領を没収し、さらに社殿を修理することを一切禁じて滅ぼしてしまった。

にもかかわらず、豊国神社に隣

接する方広寺については、建物も大仏も、そして問題となった梵鐘もそのままとし、何も破壊しなかったのである。その理由は、正直いってわからない。

だが、寛文《かんぶん》二年（一六六二）年、方広寺は地震で倒壊。このとき被害を受けた金銅大仏は寛永通宝《かんえいつうほう》に鋳《い》つぶされ、大仏は木像にかわった。しかしながらその木像仏も、落雷によって寛政《かんせい》十年（一七九八）に焼失。天保《てんぽう》十四年（一八四三）に規模を縮小して造立されるも、昭和四十八年（一九七三）、またも火事で焼けてしまった。

こうした度重なる被災で、当時の建築物や宝物はほとんど失われたが、驚くことに、国家安康と刻まれた巨大な梵鐘は無事で、いまも同寺の鐘楼につり下げられている。もちろん、例の鐘銘も削除されずに、しっかりと残っている。

いずれにせよ、豊臣政権の威勢を示すために創建した方広寺は、秀吉の死後、豊臣家を滅ぼす口実になってしまったのである。

コラム7 戦国時代に数奇な運命を辿った、善光寺の本尊

江戸時代、信州善光寺《しんしゅうぜんこうじ》は屈指の観光スポットであり、毎日多くの参詣《さんけい》者が訪れた。それは、この寺に日本で一番古い仏像が安置されていると信じられていたからである。

五三八年（五五二年とも）、百済《くだら》の聖明王《せいめいおう》がわが国にはじめて仏像や経典《きょうてん》をもたらした。その仏像は蘇我稲目《そがのいなめ》が欽明《きんめい》天皇から賜《たまわ》って崇拝《すうはい》していたが、疫病《えきびょう》が流行《はや》ったことを理由に物部尾輿《もののべのおこし》が奪って難波《なにわ》の堀江《ほりえ》に捨ててしまう。ところが本田善光《ほんだよしみつ》という者がその仏像を拾い、地元の信濃《しなの》国へ持ち帰って崇拝した。それが善光寺の本尊《ほんぞん》である一光三尊《いっこうさんぞん》阿弥陀如来《あみだにょらい》像だという。しかもこの仏像は、もともと釈迦《しゃか》に帰依《きえ》する印度《いんど》の月蓋長者《がつかいちょうじゃ》がつくらせたものだと『善光寺縁起《えんぎ》』にある。

この伝承は平安時代末期には広く流布《るふ》され、あの源頼朝や一遍《いっぺん》も善光寺に参拝するほどになった。また、この頃の善光寺の本尊は、絶対的な秘仏ではなかったことから、各地に本尊を模刻した仏像がつくられ、新《しん》善光寺が建《こん》立《りゅう》されていった。

しかし戦国時代になると、長野盆地（善光寺平《だいら》）の川中島《かわなかじま》で甲斐《かい》の武田《たけだ》信《しん》玄《げん》と越後《えちご》の上杉謙信《うえすぎけんしん》がたびたび戦いを繰り広げるようになった。このため信心深い信玄は、善光寺が兵火にさらされ荒廃《こうはい》するのを危惧《きぐ》し、本尊をはじめ寺の宝物をそのまま甲府《こうふ》に移し、新たに甲斐善光寺を創建したのである。

しかし天正《てんしょう》十年（一五八二）三月に武田勝頼《かつより》が織田信長に滅ぼされると、信長の長男・信忠《のぶただ》が本尊を持ち出すが、信長と信忠は三カ月後に本能寺《ほんのうじ》で討ち死にしてしまう。すると本尊は次男の信雄《のぶかつ》が受け継ぎ、尾張《おわり》国の甚目《じもく》寺《じ》に安置された。その後、天正十一年に徳川家康が本尊を譲りうけ、遠江《とおとうみ》国鴨江寺《かもえじ》におさめたものの、再び甲斐の善光寺に戻されたという。

その後、豊臣秀吉がつくった京都の方広寺《ほうこうじ》へ遷《うつ》され、さらに信濃の善光寺へ遷ったことは本文で述べた通りである。

ただ、これとは別の異説が存在する。

天文二十二年（一五五三）の川中島合戦のとき、信濃国の武将・高梨政頼《たかなしまさより》が兵火から善光寺の本尊を守るため、上杉謙信に引き渡したというのだ。そこで謙信は、本城の春日山《かすがやま》に如来堂を建てて本尊を祀《まつ》ったとする。上杉家はその後、関ヶ原合戦のさい家康に味方しなかったこともあり、会津《あいづ》から米沢《よねざわ》へ減封《げんぽう》のうえ移封となるが、このとき善光寺の本尊も米沢城本丸の御堂本殿に遷されたといわれる。やがて明治時代になると、さらに法音寺《ほうおんじ》に移され、現在も本尊は同寺に安置されていると伝えられている。

第十五章

大奥をまきこむスキャンダル！
延命院事件はなぜ起きたか

僧侶の女犯はいかに処罰されたのか?

江戸時代の僧侶は今と違って、浄土真宗《じようどしんしゆう》以外は妻帯《さいたい》を認められなかった。そもそも仏教では、坊主《ぼうず》が女と性行為をすることは「女犯《によぼん》」といって取り返しのつかない重大な戒律《かいりつ》違反と規定していた。いや、性行為どころか、女に触ることさえも女犯の範疇《はんちゆう》とされたのである。

にもかかわらず、僧侶の女犯は絶えることがなかった。人間の根本的な性欲は、いくら修行したとて、そう簡単におさえることができないものだからだ。

これから紹介する延命院《えんめいいん》事件は、まさにその最たるものであるが、事件の背景を辿《たど》っていくと、江戸の異性関係の知られざる一端が見えてくる。

そもそも、江戸幕府は、女犯をおかした生臭《なまぐさ》坊主を厳しく処罰する方針をとっていた。幕府は寺請《てらうけ》制度といって、キリシタンを根絶するために、すべての人間をどこかの寺院の檀家《だんか》として所属させ、きちんと管理するシステムをつくりあげた。

吉原（『東都名所 新吉原五丁町弥生花盛全図』、国立国会図書館所蔵）

そうした末端行政をになう寺院を確実に統制していく必要があり、幕府は「諸宗寺院法度《はっと》」を発布し、全寺院を寺社奉行《ぶぎょう》の支配下においた。当然、寺の構成員である僧侶についても、人びとの信頼を損なわぬよう、その行動を取り締まる必要があった。そんなことから、女犯をおかした僧を容赦《ようしゃ》なく死刑に処したのである。

しかし、さすがにあまりに厳しいということになったらしく、八代将軍・徳川吉宗《よしむね》のもとで寛保《かんぽう》二年（一七四二）に「公事方御定書《くじかたおさだめがき》」（裁判の基準）を制定した大岡越前守忠相《おおおかえちぜんのかみただすけ》は、女犯僧に対する罪を死刑から主に遠島《えんとう》へと変更したのだった。

刑罰を軽くしたからというわけでもなかろうが、それからも僧の女犯が絶えることはなかった。とくに耳目《じもく》を集めたのは、十一代将軍・家斉《いえなり》が実権を握って政治が弛緩《しかん》しはじめていた寛政《かんせい》八年（一七九六）の事件であった。

寺社奉行の板倉勝政《いたくらかつまさ》は同年七月末、吉原《よしわら》（幕府公認の遊郭《ゆうかく》）に宿泊している僧侶を一斉摘発《てきはつ》した。当時、医師も頭を剃《そ》っていたから、僧の多くは医者のふりをして吉原に入り込んで遊女を買うのを常としていたという。ただ、驚くべきは、その日に捕縛《ほばく》された生臭坊主の数である。上は六十歳から下は十七歳まで、その数なんと、七十人にものぼったのである。吉原に泊まりこんだ者だけに対象をしぼっていたから、日帰りした僧を含めたら、いったいどれだけの坊主たちが吉原で女たちと楽しんできたのだろう。目に余る仏教界の腐敗《ふはい》といえよう。

なお、江戸で女犯が発覚した僧は、たいてい八丈島《はちじようじま》へ島流しに処されるが、そのまえに日本橋《にほんばし》において三日間の晒《さら》し刑を受けるのが常だった。世間の好奇の目に晒されるのである。情状酌量《しやくりよう》によって島流しを免《まぬが》れた場合は、所属している寺にそのまま引き渡され、寺法によって処罰される。たいていは女犯僧に破門を申し渡し、門前で衣服をはぎ取って裸にしたうえで、叩いたり犬の真似《まね》をさせて首輪をはめて引きずり回すなど、恥辱《ちじょく》を与えて追放したという。

不義密通をするとどうなるのか？

僧の女犯について述べたが、じつは、寺院自体が異性交遊の温床になるケースも少なくなかった。

周知のように、江戸時代は男が妻のほかに「妾《めかけ》」を持つことは許されていたし、吉原や岡場所《おかばしょ》（非公認の遊郭）で女を抱いても非難されることはなかった。いっぽうで男尊女卑の社会ゆえ、女性が夫以外の男と性的関係を結んだら罪とされた。また、未婚女性が恋人と堂々と逢い引きするのもまかりならなかった。

ちなみに、幕府の公事方御定書の下巻『御定書百箇条』には「密通《みっつう》いたし候《そうろう》妻、死罪」とあり、「密通の男」（不倫相手）も死罪とされた。なおかつ浮気された夫は、妻とその相手を殺しても「構い無し」、つまり罪に問わないとしているのだ。

実際に、浮気現場に遭遇した武士の話が、長崎奉行所の判決録『犯科帳《はんかちょう》』(長崎図書館蔵)に残る。

彭城《さかき》茂藤太はあるとき仕事が早く終わって自宅にもどったら、見知らぬ男が妻といたのだ。衝撃を受けた茂藤太は、刀の柄《つか》に手をかけて二人を殺そうとしたが、必死に妻が詫《わ》びるものだから、不倫相手の小松貞之進を家から追い出し、妻はそのまま実家にあずけた。やはり現場を押さえても、その場で殺すのはなかなかできないようだ。

ただ五日後、茂藤太が松ノ森《まつのもり》神社に出かけると、境内《けいだい》の茶屋で人目をはばかりながら寄りそう男女がいた。見ればなんと、それは妻と貞之進だったのである。激高《げきこう》した茂藤太は、すぐさま貞之進を斬り殺した。仰天した妻は脱兎《だっと》のごとく逃げ去った。

その後、意外にも、茂藤太は長崎奉行所から有罪判決を受けている。その行いに落ち度があったというのだ。本来なら、最初の浮気現場で二人を討ちとるべきを、無用の情けをかけて見逃し、ふたたび不貞を許したうえ妻を討ち漏《も》らしたのは失態であるという理由だった。こうして茂藤太は、三十日間の押込《おしこめ》（謹慎）処分となった。

ただ、このような例は極めてまれで、妻の不倫は外聞が良くないこともあって、不倫相手から慰謝料と詫び状をとって示談《じだん》にするのが一般的だった。江戸では首代《くびだい》といって、間男《まおとこ》（相手の男）は七両二分（現在の五十万円程度）を支払う慣例があった。

詫び状には、相手に対する謝罪と表沙汰にしなかったことへの感謝、慰謝料の額、二度と相手と会わないという誓約が明記され、「もし違反したら表沙汰にしてかまわない」と明記した。もちろん表沙汰になれば、不義をおこなった男女は、法にしたがって処刑されることになる。

いっぽう、不貞を働いた妻については、三行半《みくだりはん》（離縁状）を渡して縁を切るのが普通だった。しかし、なかには未練からそのまま同居を続けるケースも少なくなかったという。

囮捜査から浮かび上がった延命院の実態

いずれにせよ、既婚女性の不倫や浮気、未婚女性の男遊びは、日常茶飯事《さはんじ》だったのである。そして時として寺院は、現代のホストクラブのように、女が男と楽しく遊ぶ場所ともなった。

一部だが、寺院のなかにはイケメンの男たちを僧侶とし、墓参りや法事にかこつけて訪れた既婚女性や未亡人、娘たちからお布施《ふせ》をもらって、楽しませてくれるところがあった。場合によっては、性欲も満たしてやったといわれる。

幕府もそうした事情を知りながら、ある程度大目に見ていたが、あまりに度が過ぎて摘発を受けたケースがある。それが、享和《きょうわ》三年（一八〇三）の延命院事件である。

谷中《やなか》（東京都台東区）にある延命院に日道《にちどう》（日当、日潤とも）という若い住職がいた。じつは日道は、初代・尾上菊五郎《おのえきくごろう》の子供だったという。俗名《ぞくみょう》を丑之助《うしのすけ》といい、たいへんな美男子だったので父と同じ歌舞伎《かぶき》役者の見習いとなったが、女関係でいざこざを起こして人を殺《あや》め、やがて日蓮宗《にちれんしゅう》の延命院に身を寄せ、住職・日寿のもとで得度《とくど》して日道と称し、まじめに修行を積むこと九年、やがて日寿が没すると三十三歳で十五代目の住職となった。

ただ、生まれながら容姿端麗で、役者上がりでもあったため、剃髪《ていはつ》して法衣《ほうえ》をまとっても日道は驚くような色気を醸《かも》し出していた。それがいつしか噂《うわさ》となり、日道見たさに延命院に参詣《さんけい》する女たちが増えていった。

延命院は、慶安《けいあん》元年（一六四八）に日長上人《しょうにん》が創建し、四代将軍・徳川家綱《いえつな》の乳母《うば》・三沢局《みさわのつぼね》（旗本・小堀政貞《こぼりまささだ》の生母）が帰依《きえ》したことで、大奥《おおおく》の女中たちの信仰が篤《あつ》かった。寺には、三沢局が寄贈した七面大明神《しちめんだいみょうじん》も宝物として存在する。そうした理由から、もともと大奥の女中が延命院に参詣に来ることは少なくなかった。

ところが日道が住職になると、その通い方が尋常でないのである。これに疑念を持ったのが、寺社奉行の脇坂淡路守安董《わきさかあわじのかみやすただ》であった。そこで脇坂は、家臣の三枝右門の妹・お椰《や》を囮《おとり》として送り込んだ。

お椰は、大奥の女中と称して延命院にやってきた。巷説《こうせつ》によれば、彼女はすばらしい美貌と肉体の持ち主だった。すると、日道がすぐに色仕掛けに出てきたのである。そこでお椰はわざと日道の誘いにのって肉体関係を結んだ。それから何度か寺に通ううち、お椰は堂内にどんでん返しや隠し扉、抜け道や隠し部屋があることを確認したのである。

日道は、隠し部屋で女たちを接待し、情交を重ねていたのだ。決定的だったのは、お椰が大奥の女中たちが日道に送った艶書《えんしょ》（ラブレター）を手に入れたことである。

そこで脇坂は、享和三年（一八〇三）五月二十六日、自ら出馬して寺の出入り口を固め、同心《どうしん》や部下十数人を引き連れて「上意」と声をあげながら本堂へ入り込んだ。

しかし、いち早く事態を察知した日道は、祖師堂《そしどう》の内陣《ないじん》へ逃げ込み、そこから抜け道を通って下座敷へ行き、さらに玄関の長持《ながもち》に入って息を殺して隠れた。

いっぽう、女を手引きしていた雑用僧・柳全《りゅうぜん》はあっけなく捕まったが、脇坂が厳しく日道の隠れ場所を問うたので、観念した柳全は「この寺にはあちこち

延命院事件を描いた錦絵（『延命院日当話』、国立国会図書館所蔵）

に抜け道がありますが、おそらく隠れる場所としては玄関の長持ではないかと思います」と答えた。

このため奉行所の役人たちは玄関の長持の周りをとり囲み、蓋《ふた》を開けようとしたが開かない。そこで、一人が六尺棒を持ち出し、箱を横から破壊すると、中には日道がブルブル震えながら隠れていた。同心たちは彼を外へ引きずり出し、衣をはいで縄をかけ、用意した網乗り物（士分以上の重罪人の護送に用いた、網をかけた駕籠《かご》）へ入れ込み、寺社奉行所（脇坂の屋敷）へ連行したという。

捕まえて取り調べをしてみると、日道が関係を結んだ女はなんと五十九人にのぼり、その年齢も十五歳の少女から六十歳の老女までと、驚くべき幅広い年齢層であった。さらに困ったことに、大奥女中も多数、日道と関係を持っていることが判明したと伝えられる。

これが世間に知れたらまずいと判断した脇坂は、日道の関係した女を数名ということにして、この事件を落着させることにしたのである。

坪内逍遙《つぼうちしようよう》の著書『近世実録全書　第二巻』（早稲田大学出版部　大正六年発行）に、日道に対する申渡書（判決文）が掲載されているので、それを紹介しよう。

「其方儀《そのほうぎ》、一寺の住職たる身を以《もっ》て、淫欲《いんよく》を恣《ほしい》ままにし、下谷善光寺坂《したやぜんこうじざか》八百屋《やおや》源兵衛娘金、西丸《にしのまる》大奥粂村《くめむら》の下女《げじょ》ころと密会に及び、その外、屋形向相勤め候女中へ艶書を送り、右女共参詣の節、密会をとげ、或《あるい》は通夜などと申なし、寺内へ止宿《ししゆく》為致させ、殊《こと》にころ懐妊《かいにん》せしところ、薬を与へて堕胎《だたい》なさしめ、惣《そう》じて破壊無慙《むざん》の所行におよび、之《これ》に加ふるに寺内作事《さくじ》等の儀、奉行所へ申立《もうしたて》候趣《そうろうおもむき》に相違《そうい》し、自儘《じまま》に建て直し候事共、重々不届之至《ふとどきのいた》りに候、之に因《よ》るて死罪に行ふ者なり」

このように日道は、大奥の下女ころという女性を妊娠させ、困ったあげく、堕胎させていたのだ。とんでもない生臭坊主といえよう。さらに、寺院を勝手に改造して、そこで淫事《いんじ》を働いていたことも幕府の心証を悪くし、結局、異例ながら死罪となったのである。

なお、この延命院事件は、世間でも大いに話題となった。それにあてこんで、牛込中里村《うしごめなかざと》の町家主・喜右衛門方に住んでいた浪人の品《しな》田郡太《だぐんた》は、この出来事を実録物《じつろくもの》として執筆、それを貸本屋に売り渡したのだった。これが発覚したため、郡太は江戸所払いに処せされている。

ちなみに延命院は、取りつぶしされることなく、現代もそのまま残っている。

第十六章

徳川将軍家の菩提寺・寛永寺の創建にこめた天海の構想とは

「東叡山」の山号が意味するものとは？

上野の寛永寺《かんえいじ》は正確には、東叡山《とうえいざん》寛永寺という。ただ、江戸時代の寛永寺は、私たちがイメージしている規模とは全く違う。あの広大な上野公園のほぼ全域が寛永寺の境内《けいだい》だったのである。坪数にして約三十万五千坪（東京ドーム二十一個分）、江戸で一番大きな寺院であった。

そんな大寺院を寛永二年（一六二五）に創建したのは、天海《てんかい》（慈眼大師《じげんだいし》）である。彼は、創建に際し極めて壮大な構想を持っており、それを解き明かすことで、寛永寺が徳川家にとっていかなる存在だったかを紹介しよう。

天海の前半生はよくわかっていない。一説によれば会津《あいづ》の蘆名《あしな》氏の一族として生まれ、天台宗《てんだいしゅう》の僧となって比叡山で修行し、ここを拠点に三井寺《みいでら》や奈良などで各種の経学《けいがく》を学んだという。信長の比叡山焼き打ちでは難を逃れ、武田信玄《たけだしんげん》の領地へ入り、その後、川越《かわごえ》の喜多院《きたいん》の住職となったと伝えられる。

徳川家康と初めて対面したのは、慶長《けいちょう》十三年（一六〇八）のことだとされ

東叡山寛永寺（『東都名所 上野東叡山全図』、国立国会図書館所蔵）

る。だが、どういうわけか、家康の絶大な信頼を得て、その帷幄《いあく》の臣《しん》として活躍することになる。巷説《こうせつ》には、明智光秀《あけちみつひで》の後身だったのではないかという噂《うわさ》もある。家康は天海を側近として重用《ちょうよう》したが、その死後、秀忠《ひでただ》や家光《いえみつ》はより一層天海を重んじている。

天海は吉凶にも詳しかったようで、比叡山根本《こんぽん》中堂《ちゅうどう》の立柱式《りっちゅうしき》の日取りや江戸城二の丸の作事開始日、本丸改築工事を家光が見学する日などを選定している。面白いのは、夜の五つ時に狐が南西の方角で鳴き、さらに九つ時にも北東の方角で殊《こと》の外《ほか》長く鳴いたことに対し、幕府がその吉凶を天海に占わせていることだ。残念ながらその回答は現存しないが、こうした怪異についても頼りにされていたのである。

寛永寺は、江戸城の鬼門《きもん》（北東）にあたる上野の台地（忍岡《しのぶがおか》）に、徳川将軍家の祈願所として建立《こんりゅう》された。天海はこの寺を、平安時代に最澄《さいちょう》が御所《ごしょ》の鬼門に位置する比叡山に延暦寺を開いたことになぞらえたわけだ。山号《さんごう》の東叡山は「東の比叡山」を意味している。寺号についても延暦寺にあやかり、後水《ごみずの》尾《お》天皇から創建時の元号「寛永」を勅許《ちよつきよ》された。

天海は、はじめ江戸城西の丸の廃材をもらいうけて円頓院《えんどんいん》と称する本坊を建てた。翌年、天海と仲の良い藤堂高虎《とうどうたかとら》がそれに隣接して壮麗な東照宮《とうしようぐう》を建築した。それ以後、天海だけでなくほかの大名たちも大小の堂を建てていったのである。

さらに寛永八年（一六三一）には越後《えちご》村上《むらかみ》藩主の堀直寄《ほりなおより》が約六メートルの漆《しつ》喰《くい》の大仏（釈迦如来《しやかによらい》坐像）を造立《ぞうりゆう》している。ところが十数年後に地震で倒壊してしまう。

その後もたびたびつくり直され、大仏殿がつくられたり、大仏が金銅に変わったりしたものの、戦時中に胴体は供出《きようしゆつ》され、現在は顔面の部分だけがレリーフとなって上野公園内に飾られている。「これ以上、落ちようがない」ということで受験生には人気になっているそうだ。

同年には幕府の閣僚《かくりょう》である土井利勝《どいとしかつ》が約三十六メートルの五重塔を寄進している。現在、塔の場所は上野動物園内になっている。

そうしたなか天海は、比叡山延暦寺がある京都や滋賀の名所を上野の地に移そうと考え、琵琶湖を不忍池《しのばずのいけ》に、そして琵琶湖内の竹生島《ちくぶじま》にある宝厳寺《ほうごんじ》を不忍池内の中之島《なかのしま》の弁天堂《べんてんどう》に見立て、弁天堂に宝厳寺の八臂大辯財天《はっぴだいべんざいてん》を勧請《かんじょう》している。

また、琵琶湖にならって不忍池に蓮《はす》を植えた。

そんな弁天堂を見下ろせる高台に清水観音堂《きよみずかんのんどう》を建てたが、これは京都の清水寺本堂を模して舞台《ぶたい》造りとなっていた。舞台からは丸くなった松枝の間

広重が描いた松(『名所江戸百景 上野山内月のまつ』、国立国会図書館所蔵)

を通して弁天堂がよく見え、それが絶景とされ安藤広重《あんどうひろしげ》の浮世絵にもなった。現在、清水観音堂は重要文化財に指定されている。本尊は、本場、京都の清水寺から勧請された恵心僧都《えしんそうず》作の千手《せんじゅ》観音像だと伝えられる。

ちなみに寛永寺のメインの建物であった根本中堂は、五代将軍・綱吉《つなよし》の元禄《げんろく》十一年（一六九八）に建立された。ちょうど現在の上野公園内の大噴水あたりに廻廊《かいろう》がめぐらされ、勅額門《ちょくがくもん》を入ると根本中堂が建っていた。間口約四十五メートル、奥行約四十二メートル、高さ約三十二メートルと巨大なものだった。その壮麗さは浮世絵にもよく描かれたが、明治維新時の上野戦争で焼失してしまった。現在の根本中堂は、川越喜多院の本地堂を明治十二年（一八七九）に移築したものである。

天海のさまざまな狙い

また上野は、今は桜の名所となっているが、それは、桜が好きな天海が奈良の吉野山《よしのやま》から移植させたのが始まりだと伝えられる。江戸時代も後期になると、花の名所を紹介したガイドブックが続々と出版されるが、文政十年（一八二七）刊行の『江戸名所花暦《はなごよみ》』には、上野の山（東叡山）について次のように記されている。

「東都《とうと》第一の花の名所にして、彼岸桜より咲き出でて一重八重追々に咲つゞき、弥生《やよい》の末まで花のたゆることなし」

このように上野が桜の名所としては最も早く成立したのである。ただ、上野は寺の境内であり、歴代将軍が眠っている墓があるので、シーズン中の鳴り物や飲酒は原則認められておらず、日没になると閉門してしまうので、夜桜は楽しめなかったそうだ。

まさに寛永寺は江戸庶民の娯楽場といえるが、とくに不忍池の周辺は淫靡《いんび》な場所でもあった。当時はたくさんの茶屋が並んでいたからだ。出会茶屋《であいぢゃや》は今でいう逢い引きができるラブ・ホテルである。ここを利用する人びとは、池の蓮見物だと称して一室を借り、相手を待ち、やってきたところで障子《しょうじ》を閉め切って性行為にふけり、数時間後、何事もなかったように別々に茶屋を出ていったという。

出会茶屋を利用するのは、素人《しろうと》だけではない。遊女もよく茶屋を利用した。ただ、使うのはみな私娼《ししょう》だった。江戸時代、売春は幕府によって公認されていたが、認可された遊女《ゆうじょ》を公娼《こうしょう》といい、それ以外を私娼と呼んだ。

このように、幕府はこの寺を鬼門封じと祈願寺にしようと考え、天海は比叡山延暦寺に匹敵する大寺院にするとともに、京都と滋賀の名所をつくって庶民に気軽に楽しんでもらおうとしたわけだ。

ただ、狙いはそれだけではなかった。

幕府も天海も、創立当初から東叡山寛永寺に親王《しんのう》（天皇の子弟）を招こうと考えていた。

その目的だが、研究者の宇高良哲《うだかよしあき》氏は「江戸幕府側は法親王《ほっしんのう》を関東に迎えることによって、関東の独立をはかることが主眼であったかもしれないが、天海は幕府の意向を充分に勘案しながら、関東天台の本末関係の整備のために、従来の関東天台の有力寺院の寺格を超越した門跡《もんぜき》寺院を創建することによって、東叡山寛永寺を中心とした関東天台の本末支配の一本化をめざした」（『南光坊天海の研究』青史出版）

少し説明を補足しよう。

当時、関東地方には寛永寺と同じ天台宗の有力寺院が多かった。そこで天皇の子弟である親王を寛永寺のトップにすれば、比叡山延暦寺に匹敵する高い格式をもって関東の有力寺院をたばねることができると考えたのである。

幕府としても皇族が関東にいれば、万が一、西国《さいごく》大名らが天皇を奉じて叛旗《はんき》を翻《ひるがえ》したとき、寛永寺にいる親王を奉じて対抗することができるだろう。実際、幕末に明治天皇を奉じた新政府軍が江戸に襲来してきたとき、寛永寺の貫《かん》主《じゅ》（トップ）であった輪王寺宮《りんのうじのみや》は旧幕府軍に担がれて東北まで出向いている。

なお、天海の願いはようやくかない、正保《しょうほう》四年（一六四七）に後水尾天皇の第三皇子・守澄《しゅちょう》法親王が関東にくだって寛永寺に入り、さらに承応《じょうおう》三年（一六五四）、東叡山と日光山の山主を兼ね、さらに翌年、天台座主《ざす》（天台宗のトップ）となり輪王寺宮と称するようになった。これ以後、輪王寺宮は十三代にわたって続いたのである。

また、寛永寺には大名に匹敵する約一万二千石《ごく》の寺領が与えられた。

なぜ菩提寺となり、上野戦争の舞台となったのか？

ところで寛永寺には四代・家綱《いえつな》、五代・綱吉《つなよし》、八代・吉宗《よしむね》、十代・家治《いえはる》、十一代・家斉《いえなり》、十三代・家定《いえさだ》のあわせて六人の将軍の墓所がある。

もともと祈願寺ではあったが、その後寛永寺はなぜ、徳川家の菩提寺《ぼだいじ》になったのか。

それは三代将軍・家光が寛永寺での葬式を希望したからである。遺骸《いがい》はその後、日光山へ葬られたが、そんなこともあり、四代・家綱の遺体は寛永寺での葬儀後、同寺に葬られるという流れができたのだろう。

それは五代・綱吉も同様だったが、そうした状況に不満を持ったのが徳川家の菩提寺・増上寺《ぞうじょうじ》であった。このため六代・家宣《いえのぶ》と七代・家継《いえつぐ》の墓所は増上寺となったのである。以後はさまざまな政治勢力が働いてどちらかに決まったようだ。

慶応《けいおう》四年（明治元年、一八六八）正月、旧幕府軍は鳥羽《とば》・伏見《ふしみ》の戦いで薩長《さっちょう》

上野戦争を描いた錦絵。中央に「天野八郎」の名がある
（『東台戦争落去之図』、国立国会図書館所蔵）

を中心とする新政府軍に敗れた。これを知った徳川慶喜《よしのぶ》は、大坂城から船で江戸に逃げ戻り、しばらくして寛永寺で謹慎した。このときの部屋（葵《あおい》の間）は現存する。

こうして慶喜が寛永寺に入ると、その家臣（一橋《ひとつばし》家）が中心になって上野の山に陣取り、彰義《しょうぎ》隊を結成して身の回りの警護をはじめる。三月になると、新政府軍が江戸周辺を包囲する。幕府の勝海舟《かつかいしゅう》は、新政府の西郷隆《さいごうたか》盛《もり》と会見し、江戸城の無血開城を代償として江戸の総攻撃を中止させた。

こうして四月十一日、江戸城は新政府軍に引き渡された。この直前、慶喜は故郷の水戸へ送還となった。

ところが寛永寺から主《あるじ》がいなくなったにも

かかわらず、彰義隊は退去しない。それどころかますます人数が増えていった。隊員には武士でない者もたくさんいた。たとえば彰義隊の副長（頭並《かしらなみ》）で実質的な総帥《そうすい》である天野八郎《あまのはちろう》は、上野国《こうずけ》甘楽《かんら》郡の庄屋の家に生まれている。

このように江戸開城後も、彰義隊の威勢は衰えず、ついに隊員は三千を超えるほどに肥大化し、新政府軍にとって脅威的な存在に成長した。そこで新政府軍のリーダー大村益次郎《おおむらますじろう》は、彰義隊の鎮圧を決定。五月十五日、上野への総攻撃をおこない、同日、激戦のすえ、これを壊滅に追い込んだ。

この戦いにより、上野全体に広がる寛永寺の壮麗な伽藍《がらん》は、ほとんどが灰燼《かいじん》に帰してしまったのである。

コラム8

鼠小僧次郎吉の墓で有名な回向院、その繁栄の意外な理由

江戸両国《りょうごく》の回向院《えこういん》は、明暦《めいれき》三年（一六五七）に発生した明暦の大火の犠牲者のために創建された浄土宗《じょうどしゅう》の寺院である。同年一月十八日に本郷《ほんごう》から出た火は、真冬の寒風により急速に拡大、十万もの命を奪った。身元不明者も多く、幕府は巨大な穴に彼らを埋葬し、その上に供養《くよう》のために堂を建てた。それが回向院のはじまりである。以後、横死者《おうししゃ》、飢饉《ききん》による死者、海難事故の死者、震災犠牲者といった不慮の死をとげた人々、さらに刑死者も葬られた。

義賊として知られる鼠小僧次郎吉《ねずみこぞうじろきち》の墓もある。次郎吉は武家屋敷ばかりを狙った盗賊だ。史実では、盗んだ金は賭博《とばく》に使ってしまったのだが、いばる武士から金を盗んだということで庶民の尊敬を集め、いつしか貧しい者に金

を配った英雄となった。そんな次郎吉の墓石を削り、欠片《かけら》を懐《ふところ》にして賭け事にのぞむと、大当たりするという迷信が生まれ、境内《けいだい》の墓石を削る者が続出した。このため回向院では、墓石の前に「お前立ち」という石を置き、それを削らせるようになった。この石は、これまで何度も交換されているという。

江戸時代、回向院では勧進《かんじん》相撲がおこなわれた。相撲は当時も人気のある娯楽だったが、江戸中期以降、回向院が定場所となった。それは、この地域が一大歓楽街だったからだ。山手から両国橋を渡って回向院周辺にやってくると、いつも人であふれている状況だった。橋のたもとの火除《ひよ》け地は青物市場として朝から賑《にぎ》わっており、茶屋や料理屋、舟宿などに加え、見世物《みせもの》小屋などが林立していた。

人が集まるので、回向院でも出開帳《でがいちょう》をたびたびおこなった。全国の寺社から秘仏・宝物が回向院へ運びこまれ、拝観料をとって庶民に公開するのだ。

また、富《とみ》くじ（富突《とみつき》）会場にもなった。いまでいう宝くじのことだ。事前に番号の書かれた紙札《ふだ》が売り出され、決められた日に回向院で抽選がおこなわれる。木箱に木札《きふだ》を入れてかき混ぜ、それを大錐《おおきり》で突き刺し、出てきた木札の番号を当たりとした。おおよそ百回ほど繰り返し、だんだんと当選金額を上げ、最後が最高額となる。額の大きいもので千両。これだけあれば一生遊んで暮らせたという。

回向院の境内には、鼠小僧のほか、浄瑠璃《じようるり》の竹本義太夫《たけもとぎだゆう》、洒落本《しやれぼん》作家の山《さん》東京伝《とうきようでん》、国学者の加藤千蔭《かとうちかげ》といった文化人の墓もある。

すぐ近くは吉良上野介《きらこうずけのすけ》の屋敷だった。赤穂《あこう》浪士が吉良を討ったとき、その息子の米沢《よねざわ》藩主・上杉綱憲《うえすぎつなのり》が軍勢を引き連れて復讐《ふくしゆう》に来ると想定、この回向院に入って戦闘態勢をととのえようとした。しかし、同寺の僧侶たちが浪士らを入れなかったので、彼らは両国橋のたもとで上杉軍の襲来を待ったという。が、結局上杉軍は来なかったので、吉良の首を亡《な》き主君・浅野長矩《あさのながのり》に捧《ささ》げるため、菩提寺《ぼだいじ》の泉岳寺《せんがくじ》を目指すことにしたのだった。

第十七章

大名も改易⁉ 豊臣秀頼の娘は、東慶寺でいかに女性を救ったか

江戸時代の離婚事情とは？

江戸時代は、夫から妻に対して離縁《りえん》状を渡し、一方的に離婚する権利が認められていた。

離縁状を「三行半《みくだりはん》」と呼ぶが、それは当時の離縁状が三行と半分で認《したた》められることが多かったからである。

「其方事、我ら勝手につき、このたび離縁いたし候《そうろう》、しかる上は、向後《こうご》何方《いずかた》へ縁付候《えんつきそうらえ》ども、差しかまえこれ無く候、よって件《くだん》のごとし」というのが、一般的な離縁状の文言だった。つまり「離婚するのは私の都合であり、離婚したからには今後は誰と再婚してもかまわない」という意味である。

よく読むと、当時の離縁状が妻に対する再婚許可状になっていることがわかるだろう。

ところで、江戸時代の離婚率だが、かなり高かったのではないかと考えられている。とくに将軍のお膝元である江戸に住んでいた女性は、男性の人口比が極めて高かったことから、容易に結婚でき、離婚しても再婚相手に困らなかったのでバツイチはあたりまえで、結婚と離婚を繰り返している例も散見される。

驚くべきことに将来嫌いになったらすぐに離別できるよう、結婚前に夫から離縁状をもらっておいた事例もある。

強く迫って夫に離縁状を書かせ、他の男と家を飛び出す女性もいた。また、離縁状をもらうために家事を怠《なま》けたり、金を湯水のように使って夫を精神的に追い込む女もいたそうだ。なお、当時は夫が妻を離縁する場合、持参金は全額返済し、妻に落ち度がなければ慰謝料を払う必要があった。

ただ、これまで述べてきたことからわかるように、江戸時代の女性には離婚請求権はなく、いくら離婚したくても、夫が離縁状を出してくれなければ離婚は成立しないことになっていた。

だから飲んだくれ亭主や暴力を振るう夫から逃れられず、悲惨な日常を送っている女性たちも少なくなかった。だが、そうした妻たちが救われる方法が一つだけ存在した。逃亡してひっそり暮らすのではない。堂々と法的に離婚が成立するただ一つの手段だ。

それが、縁切《えんき》り寺へ駆け込むという方法である。

代表的な縁切り寺が、いまも北鎌倉にある東慶寺《とうけいじ》である。

東慶寺は、鎌倉幕府の執権《しっけん》・北条時宗《ほうじょうときむね》の妻だった覚山尼《かくさんに》が創建した。

覚山尼は建長《けんちょう》四年（一二五二）、幕府の実力者である安達義景《あだちよしかげ》と初代連署《れんしょ》（執権を補佐する役職）・北条時房《ときふさ》（北条政子《まさこ》の弟）の娘とのあいだに生まれた。

北条時宗（後の八代執権）が十一歳のとき、覚山尼はわずか十歳でその妻となった。時宗は三十四歳で死去するが、臨終の前、彼女は夫とともに出家した。そして翌弘安《こうあん》八年（一二八五）、現在の地に東慶寺を開いたのである。

覚山尼は、息子の九代執権・貞時《さだとき》に「女性は夫に仕《つか》えるものだが、自殺などをしてしまう不憫《ふびん》な女性を守るため、そうした者たちを三年間この寺へ召し抱《かか》え、夫との縁を切って身軽になれるようにしてやりたい」と願った。

それを理解した貞時は、朝廷から勅許《ちょっきょ》をもらい、公式に縁切りが認められることになったのだと伝えられている。

東慶寺の第五世は後醍醐《ごだいご》天皇の娘・用堂尼《ようどうに》だが、彼女は「縁を切るため三カ年もこの寺で勤めるのは不憫なので、一年間に短縮する」とした。それがそのまま戦国時代にまで伝わっていったのである。

だから東慶寺に駆け込んだ女房は、自分に非がないかぎり必ず離婚させてもらえた。この決まりを「御寺法《ごじほう》」という。

ただ、駆け込みが史実として確認できるのは近世からである。ちょうど東慶寺の第二十世になった天秀尼《てんしゅうに》が、徳川家康に「御寺法」の永続を願い出て許された頃からだ。以後、江戸時代を通じて、離婚について東慶寺は今でいう治外法権が与えられた。

会津・加藤家の改易は、豊臣秀頼の娘が……

ちなみに天秀尼は、大坂の陣で家康に滅ぼされた豊臣秀頼《ひでより》の娘である。

秀頼は家康の孫娘・千姫《せんひめ》と結婚していたが、二人の間には子供がなかった。

だから天秀尼は側室の娘だったようだが、母の名は知れず、のちに千姫の養女となっている。

兄に国松《くにまつ》がいたが、豊臣滅亡後、大坂城から落ち延びたものの、京都で捕縛《ほばく》され、市中を車で引き回されたあと、男児ということで六条河原《ろくじょうがわら》において首を切られて処刑された。まだ八歳の子供で、むごい措置だった。

一方、天秀尼のほうは女ということもあって命は救われた。だが、子孫を残さぬよう尼寺に入ることになったわけだ。

天秀尼は東慶寺に入るとき、家康から「なにか願い事はあるか」と尋ねられ、「ずっと続いている御寺法を継続させてください」と願ったとされる。

天秀尼については、彼女自身非常に強い女性だったようで、次のような逸話が残っている。

賤ケ岳《しずがたけ》の七本槍として活躍した加藤嘉明《かとうよしあき》は四十三万五千石の大大名として会津《あいづ》を支配したが、跡を継いだ子の明成《あきなり》が暗愚《あんぐ》だったので、愛想を尽かした家老の堀主水《ほりもんど》は加藤家を出奔《しゅっぽん》した。

そのおり主水は、無礼にも明成の城に向かって鉄砲を放ち、一族郎党《ろうとう》を連れて白昼堂々退去した。そして妻子を東慶寺へ入れ、自分は高野山にのぼったの

加藤明成の居城だった鶴ヶ城

だった。
　これに激怒した明成は、高野山にねじ込んで主水の引き渡しを求め、さらに主水が高野山を領内に抱える紀州《きしゅう》藩を頼ると、今度は紀州藩と談判。このため主水は江戸へ行って幕府に裁定を求めたが、結局、退去時の行為が主君に対するものではないと判断され、その身柄は明成に引き渡された。結果、主水は明成に惨殺《ざんさつ》された。
　それで気の済まない明成は、さらに東慶寺に逃げ込んだ主水の妻子の引き渡しも要求したのである。このとき天秀尼は大いに怒って、「古来よりこの東慶寺に来た者は、どんな罪人であっても引き渡したことはない。それを渡せとはあまりに理不尽であり、無道だ。このうえは明成が滅ぶか、この寺をつぶすか、二つに一つである」と述べ、養母の千姫を通じて幕府に談判したという。結果、明成は改易《かいえき》となったと伝えられる。

縁切り寺へ駆け込むと、何が起こるのか？

それでは、いったい東慶寺に入った妻たちが、どのようにして夫から解放されるのか、そのあたりを具体的に説明していこう。

駆け込みの理由はやはり、夫の暴力、賭け事、浮気、姑《しゅうとめ》との確執《かくしつ》が大半だった。

まずは夫の目を盗んで妻たちはどうにか鎌倉に辿《たど》り着き、東慶寺に直接駆け込まねばならなかった。

いまのように電話やメールで相談できない時代なのだ。そういった意味では命がけだった。

こうして東慶寺にやってきた女は、境内《けいだい》にある役所において寺役人から身元などを詳しく調べられ、その後、寺の周辺にある御用宿《ごようやど》へ預けられる。いっぽう聞き取りをした寺役人は、すぐに飛脚をつかって妻の実家がある村の名主《なぬし》を通して、実家の関係者を呼びあつめる。

彼らが東慶寺にやってくると、寺の役人たちは妻の父兄に「相手方と交渉して離縁できるようにしてあげなさい」と協議離婚を勧めた。これを「内済離《ないさいり》縁《えん》」と呼ぶ。

たいていの夫は、東慶寺から呼び出しがかかったと、妻の実家関係者から知らされた時点で観念し、素直に離縁状を渡したようだ。だから内済離縁のために鎌倉に呼び出された時点で、妻の実家の人たちが夫の離縁状をたずさえてやってきて、そのまま女性を寺から引き取って帰っていくケースが多い。

先述したように離縁状を三行半といい、縁を切ったこと、再婚の許可が書いてあればよく、これを所持していれば晴れて女性はダメ夫から解放された。

さて、妻の実家が交渉しても、まだ夫が駄々をこねる場合である。

すると今度は、結婚時の仲人《なこうど》や夫を呼び出すのである。

やってくると、寺役人は彼らを高圧的に叱《しか》りとばし、事実を確認したうえで離縁状を書かせるのである。離縁状は二枚書かせ、一枚は妻に渡し、もう一枚は東慶寺で控えとして保管しておく。

ただ、なかには、寺に逃げ込んだ妻に夫が陳謝して、復縁するケースもあった。

さて、呼び出しても夫がやってこない、叱られても離婚に応じない、つまり内済離縁が不成立の場合である。

すると東慶寺では寺法離縁という次の段階に入っていく。まず出役達書《でやくのたつしがき》という書状を夫の住む村の名主あてに送る。「近く寺役人が出張し、離婚についての裁判に出向きますよ」という通達で、いわば出張裁判だ。

名主（庄屋、肝煎《きもいり》とも）というのは、村一番の豪農や名望家が就任する役職（村役人）である。村の年貢の取り立てや戸籍事務など村政を取り仕切っている。このため、さすがにこの段階で夫とその家族が恐れをなし、夫のほうから鎌倉まで出向いて離縁状を渡すことになる。

しかし、例外的にまだ離婚に応じない強者《つわもの》もいる。

そうなると、寺役人は実際に「寺法書」を持って村の名主のもとに出向くことになる。

寺法書には「女が離縁したがっているのに、どうしても離縁しようとしないのか。今後は女は東慶寺で預かる。もはや、お前の女房ではない」と認《したた》められている。つまり、容赦《ようしゃ》のない通告を突きつけられるわけだ。

もし、これに承服できないと思ったときは、夫は「違背書《いはい》」なるものを認めて幕府の寺社奉行《ぶぎょう》へ提出することになる。

するとその男は、奉行所に呼び出され、寺社奉行から「このままでは仮牢入《かりろう》りだぞ」と脅《おど》され、最終的には、詫《わ》び状を書かされるはめになる。

「ならば、どうして最初からすんなりと離縁状を出さないのか」と疑問に思うはず。

じつはこれ、夫の意趣返《いしゅがえ》し（しかえし）なのである。このような「寺法離縁」にまで発展した場合、女はすぐに解放されず、なんと一年間、寺での生活を余儀なくされるのである。

しかも、その日常生活は厳しく、もし脱走すれば髪を剃《そ》られて丸裸で追放され、戸籍まで抜かれてしまう。つまりは逃げた女房への腹いせとして、彼女をぞんぶんに苦しめてやろうと考えるのだ。

さて、東慶寺へ駆け込んだ女性のその後は、残念ながら記録に残っていない。ただ、余程の事情からそうした行為に出たわけだから、離婚成立後はきっと幸福な人生を送ったろう。なお、東慶寺に逃げ込んで離婚したあと再婚し、また新しい夫に不満を持ったからといって寺に駆け込むというのは、許されなかった。

この東慶寺の制度は、明治四年(一八七一)、女性に離婚請求権が認められたことで、終焉《しゆうえん》を迎えたのである。

第十八章

成田山新勝寺の名を高めた、歌舞伎役者の数奇な生涯とは

創建のきっかけは、平将門の乱？

正月の三が日に成田山新勝寺《なりたさんしんしょうじ》を訪れる初詣《はつもうで》客は、なんと三百万人に達するという。これは明治神宮に次いで全国二位になるそうだ。その人気の高さがわかるだろう。

新勝寺は歌舞伎《かぶき》役者と縁が深いことでも知られるが、そもそもこの寺の名を高めたのも、ある歌舞伎役者親子が深く関係している。その親子の数奇な運命を辿《たど》ることで、新勝寺の人気の秘密を解き明かしていこう。

新勝寺が創建されたのは、いまからおよそ千八十年前、天慶《てんぎょう》二年（九三九）ことである。

この年の二月、常陸《ひたち》国（茨城県）の豪族・藤原玄明《はるあき》が、常陸国司《こくし》に追われて平将門《まさかど》のもとに逃げ込んできた。将門は下総《しもうさ》国の豊田《とよだ》・猿島《さしま》両郡を統治する平氏一門で、関東の武士たちから人望があった。面倒見の良い将門は、玄明が故郷で生活できるよう常陸国府へ嘆願《たんがん》に向かった。

成田山参詣者(『諸人成田山参詣之図』、国立国会図書館所蔵)

ところが、いきなり国府軍が攻めかかってきたのだ。同軍のなかに宿敵の平貞盛《さだもり》がおり、おそらく彼の差し金だろう。将門は激怒し、国府軍を蹴《け》散《ち》らして国府内へ乱入、勢いにまかせて国司を捕らえて国印《こくいん》を奪ってしまったのである。

これは、反乱と見なされても仕方のない行為だった。将門は意を決し、続いて下野《しもつけ》国(栃木県)、上野《こうずけ》国(群馬県)と次々に国府を制圧していき、新皇《しんのう》と称して朝廷からの独立を宣言した。

まさかの反乱に驚いた朝廷は、遠征軍を編制するとともに、関東の武士たちに「将門を討った者に貴族の位を与える」と約束した。そこで下野国の豪族・藤原秀郷《ひでさと》が平貞盛と同盟して四千の大軍で将門の本拠地へなだれ込んだ。

将門は、関東各地に兵力を分散していたため連合軍に敗れて逃げ去ったが、強風が吹いてきたので再び敵前に姿を現し、わずか四百の兵で大軍に挑んだ。将門は強風を利用して敵を圧倒、まさに奇跡的な勝利は目の前だった。ところが、にわかに風向きが変わり、将門の額《ひたい》に一本の矢が突き立った。即死であった。これにより反乱軍は瓦解《がかい》し、将門の関東独立国はわずか数カ月で霧散《むさん》した。

このおり、京都の諸社寺は朝廷の命《めい》を受けて怨敵《おんてき》退散の祈禱《きとう》をしたが、朱雀《すざく》天皇は自ら寛朝《かんちょう》（真言宗《しんごんしゅう》の僧）に宝剣を授け、関東へくだって朝敵《ちょうてき》降伏の護摩《ごま》奉修をおこなうよう勅《ちょく》を発したという。寛朝は宇多《うだ》天皇の孫（敦実《あつみ》親王の二男）で、幼くして出家し仁和寺《にんなじ》など各地で修行した二十四歳の若き仏教界のホープであった。帰洛《きらく》後は東寺《とうじ》や西寺《さいじ》、東大寺《とうだいじ》などの別当《べっとう》となり、晩年は高野山の座主《ざす》にのぼりつめ大僧正《だいそうじょう》になっている。

ともあれ、天皇の命を受けた寛朝は、空海が自分で彫ったと伝えられる高雄山《たかおさん》の不動明王《ふどうみようおう》を持って都を出立し、大坂から船で房総《ぼうそう》半島の尾垂ヶ浜《おだれがはま》に上陸。成田の地に不動明王像と宝剣を安置し、護摩を焚《た》いて二十一日のあいだ必死に祈禱したのである。周囲は将門の勢力下であり、見つかれば命の保証はない。こうして結願《けちがん》の日、将門が敗死したと伝えられる。

目的を果たした寛朝が宝剣と不動明王像を持って都へ戻ろうとしたところ、奇妙なことが起こった。不動明王像が石のように重くて、運べなくなってしまったのである。

寛朝が瞑目《めいもく》して心を静めると、眼前に不動明王が現れ「私は京都へ帰ろうと思わない。長くこの地に留まって東国《とうごく》の逆徒を鎮《しず》め、人びとに利益を与えるつもりだ」と述べた。そこで感泣《かんきゆう》した寛朝は、そのお告げにしたがい、弟子《でし》に不動明王像と宝剣を守らせ、単身で都へ戻ったといわれる。

これが、成田山新勝寺のはじまりである。寺号の「新勝」というのは、「新戦剋勝」にちなんでいるという。

成田山新勝寺は、関東地方では比較的知られている寺院であり、あの水戸黄《みとこう》門《もん》（第二代水戸藩主・徳川光圀《みつくに》）も延宝《えんぽう》二年（一六七四）に訪れている。そのとき本人が残した記録が『甲寅《こういん》紀行』である。そこには、次のような感想が記されている。

「成田村ニ到ル、石坂少許《しょうきょ》ヲ上リ本堂有《あり》、成田山神護《じんご》新勝寺ト額《がく》有、本尊《ほんぞん》ハ不動ナリ、極《きわめ》テ奇《き》ナル木像ナリ。縁起《えんぎ》ノ略ニ云《いわ》ク、此像本洛《このぞうほんらく》ノ高雄《たかお》ニアリ、平将門ヲ調伏《ちょうぶく》ノ為《ため》ニ釈ノ範長僧正《そうじょう》負来テ此地ニ安置ス、相州大山《そうしゅうおおやま》不動ト一木ノ像ニテ弘法大師《こうぼうだいし》ノ作ナリト云《いう》、坂ノ右ノ方ニ寺アリ、則《すなわ》チ新勝寺ナリ、開山《かいざん》ハ祐範《ゆうはん》法師ト云フトゾ。尤《もっと》モ真言宗ナリ、縁起ノ巻物、不動ノ剣、菅相公《かんしょうこう》ノ親《しん》筆有《びつあり》ト云ナリ」（神崎照恵編『新修成田山史』成田山新勝寺　発行）

　黄門様が「奇ナリ」という感想を抱いた成田山の本尊である不動明王像は、像高約一・八メートルで、右手に「悟りの智慧」を象徴する剣を持ち、左手には煩悩《ぼんのう》を縛《しば》って封じる羂索《けんさく》の縄をたずさえている。その表情は「頭髪は莎髻《しゃけい》・巻髪《けんぱつ》にして弁髪《べんぱつ》を一条左肩に垂れ給い、左眼の上瞼《うわまぶた》が少し垂れて下を見、右眼は上を見て天地眼《てんちがん》の相《そう》をなす、左の歯牙《しが》は下を向き上求菩薩《じょうぐぼさつ》の義を表わし、右の歯牙は上に向き下化有情《げけうじょう》の義を現わす」（前掲書）というものであった。

◎市川団十郎を人気者に押し上げた斬新さとは？

そんな不動明王を本尊とする成田山新勝寺は、元禄《げんろく》時代に一躍有名になる。そのきっかけをつくったのが、歌舞伎役者の初代・市川団十郎《いちかわだんじゅうろう》である。

団十郎の先祖は甲斐《かい》国（山梨県）の武士出身で、その末裔《まつえい》である堀越十郎《ほりこしじゅうろう》は小田原《おだわら》の北条氏康《ほうじょううじやす》に仕《つか》えていたが、北条氏滅亡後は下総《しもうさ》国埴生《はにゅう》郡幡谷《はたや》村（千葉県成田市内）に居を移したという（諸説あり）。

十郎の孫・重蔵《じゅうぞう》が江戸に出て俠客《きょうかく》となったが、その子が団十郎だという。団十郎は万治《まんじ》三年（一六六〇）に生まれたが、このとき重蔵の親友・唐犬《とうけん》十右衛門がその子を海老蔵《えびぞう》と名付けたとされる。

団十郎が芝居小屋（江戸の中村《なかむら》座）の舞台に初めて上がったのは、延宝元年（一六七三）九月のこと。このときまだ十四歳で、『四天王稚立《してんのうおさなだち》』という演目で坂田金時《さかたのきんとき》（金太郎）役を演じた。だが、観客はこの少年の歌舞伎の演技に度肝を抜かれてしまう。

顔に紅と墨で異様な化粧をほどこして登場し、派手な衣装を身につけ、斧を片手に舞台上で跳ね、飛び、廻りといった激しいアクションを見せ、力強いセリフを吐いたからである。

このような演出や動きは、それまでの歌舞伎には見られない極めて斬新なものだった。このため江戸の人びとに受け入れられ、団十郎は一気に人気俳優にのぼりつめていった。

団十郎が創始した紅と墨の化粧法を隈取《くまど》りといい、不動明王や鍾馗《しょうき》、龍神《りゅうじん》などの神仏像にヒントを得て発案したとか、能楽や中国の京劇《きょうげき》の臉譜《れんぷ》の影響だといわれる。

また、団十郎の激しい動きは、金平浄瑠璃《きんぴらじょうるり》と呼ばれる、当時流行していた人形劇から取り入れたようだ。金平とは坂田金時の息子で、彼が岩を砕《くだ》いたり人形の首を引っこ抜いたりして大暴れする内容だった。とくに団十郎の足拍子《あしびょうし》はすさまじかったようで、芝居小屋周囲の瀬戸物屋が迷惑したという伝承もある。この激しい団十郎流の演技は、のちに荒事《あらごと》と呼ばれるようになった。

元禄元年（一六八八）の『野郎立役二町弓《やろうたちやく》』（歌舞伎役者の評判記）は団十郎

について、

「この市川と申すは、三千世界に並び無き、好色第一のぬれ男にて、御器量ならぶものなし（略）凡《おおよ》そこの人ほど出世なさるる芸人又あるまじ（略）お江戸において肩をならぶるものあらじ」

と褒《ほ》めている。

しかし数年後、座元《ざもと》（興行主）は団十郎に出演契約の依頼をしなくなる。人気に多少の翳《かげ》りが見えたこともあったが、最大の理由は、契約料の高騰《こうとう》だ。当時団十郎は三百両で契約していた。役者としてはずば抜けて高い。このため座元は、もっと安い女形《おやま》や立役《たちやく》と契約を結び、顔見世《かおみせ》を華やかにしたほうが儲《もう》かると考えたのである。

干《ほ》された団十郎は、この事態は自分のこれまで不徳のいたすところだと深く反省し、次のような願文を書いている。

「私はこの苦境を脱するため、これからは三宝荒神《さんぼうこうじん》、上野両大師《りょうだいし》、不動明王、愛染明王《あいぜんみょうおう》など神仏への参拝や参詣《さんけい》を怠《おこた》らず、父母存命中は禁酒し、妻以外の女と交わらず、男色を断つことを誓う」

だが、団十郎がすごいと思うのは、己《おのれ》の運命を開くために新天地を求めたことである。妻や弟子を連れて江戸を離れて、歌舞伎の本場である京都へ向かったのだ。

元禄八年（一六九五）正月、団十郎は京都の村山平右衛門《むらやまへいえもん》が座元である村山座に出演することになった。このとき芝居小屋には二千人が入り、さらに数百人が小屋の周りに集まって「入場させろ」の大コールが起き、小屋の木戸が破壊される騒ぎに発展した。

恐れをなした平右衛門は、急遽、団十郎のお目見えの挨拶をとりやめ、花笠《はながさ》踊りなどを派手にやって終演にしてしまった。だが、おさまらないのは観客や周りの群集だ。大騒ぎになって暴動が起きそうな状況になった。仰天《ぎようてん》した平右衛門はもう一度客を小屋に入れ、団十郎とともに挨拶をして混乱をおさめたと伝えられる。

この興行で団十郎は『源氏《げんじ》誉勢力《ほまれのせいりき》』の朝比奈義秀《あさひなよしひで》を演じた。団十郎見たさに客が詰めかけ、仕方なく舞台にまで入れたので、大立ち回りを演じる団十郎の刀が客にぶつかりそうになる場面もあった。

初代・市川団十郎
(『團十郎舞台似顔繪 元祖才牛団十郎』、国立国会図書館所蔵)

京童《きょうわらべ》の唄に「お江戸団十郎見さい京の名物一つ升《ます》　ますます評判高《たか》櫓《やぐら》　丸に釘貫《くぎぬき》白鳥毛　朝日に輝く目《め》出《で》度《た》さは　ほんに結ぶ数へ唄」とあり、大坂や堺《さかい》からも客が集まってきた。

京都での滞在は半年程度だったが、団十郎は歌舞伎の本場・京都での大当たりをとった勢いを背景に江戸に凱旋《がいせん》し、秋から興行をおこない大入りとなった。契約も五百両、さらには七百両となり、最終的に八百両まで上がった。これは上方《かみがた》歌舞伎のトップであった坂田藤十郎《さかたとうじゅうろう》のそれを二百両も上回る高給だった。

数カ月に過ぎなかったが、団十郎は上方で多くのものを吸収してきたのだ。自分で狂言（脚本）も書くようになった。三升屋兵庫《みますやひょうご》というペンネームを使い、次々と作品を書き、自分で演じていった。歌舞伎の十八番といわれる『不破《ふわ》』『暫《しばらく》』『象引《ぞうひき》』『勧進帳《かんじんちょう》』なども団十郎の自作である。

新勝寺を有名にした驚きのアイデア

市川団十郎は、なかなか跡継ぎに恵まれなかった。そこで先祖が住んでいた成田山新勝寺に子宝が授かるように祈願したところ、元禄元年（一六八八）に一子を授かった。それが後の二代目・団十郎だ。

元禄十年（一六九七）にはそんな二代目・団十郎も父とともに中村座で舞台を踏んでいる。演目は『兵根元曽我《つわものこんげんそが》』といって、曽我兄弟が父の仇《かたき》である工藤祐経《くどうすけつね》を倒す物語だ。

兄・十郎《じゅうろう》とともに工藤を討とうとする五郎《ごろう》だが、仇を討てない非力さを嘆《なげ》き、不動明王の加護を祈ると、なんと体が真っ赤に変色して力がみなぎってきたのだ。そこで二十一日間の荒行を決意、すると大竹を根から引っこ抜いたり、五輪を砕《くだ》くなどの怪力が手に入る。こうして荒行を終え、相模川《さがみがわ》で体を清めようとしていると、怪力の朝比奈と会い、争いに発展してしまう。

それを仲介したのは、子供の山伏《やまぶし》だった。だが、その子供はじつは不動明王で、五郎の体に不動明王が乗り移って怪力を授けたのだと伝える。そこで五郎は、その子供に平伏するという内容だ。

五郎を演じたのが初代、山伏の子供役が二代目だった。もちろん、不動明王は初代・団十郎が崇拝《すうはい》している成田山新勝寺のそれをイメージしていた。

この演目は空前の大ヒットとなり、大勢の観客が詰めかけ、毎日十貫文《かんもん》の銭が舞台に投げ入れられるほどになった。これ以後、初代・市川団十郎は屋号を「成田屋《なりたや》」とし、舞台を終えた後、お礼のために成田山新勝寺に参詣、鏡や幕を奉納し、多額の寄進をした。

この団十郎父子のおかげで、一躍成田山新勝寺は有名になり、これ以後、江戸の庶民もこぞって成田山にお参りするようになったのである。驚くべき影響力であり、まさに役者冥利《みょうり》に尽きるといえよう。

団十郎は舞台装置にも工夫をこらすようになった。元禄十三年（一七〇〇）の森田《もりた》座の講演では、初めて「宙乗《ちゅうの》り」という、観客をアッと言わせる手法を披露した。

これは、やはり曽我五郎を演じた団十郎が、念を込めて息を放つと、そのなかから曽我五郎の分身が姿を現し、自在に空中で動作をするというものだ。分身役を演じたのは、二代目・団十郎だった。空中を舞うという驚くべき舞台装置を考えついた初代・団十郎は、まさに偉大なエンターテイナーであり、演出家でもあったといえよう。

元禄十六年（一七〇三）の森田座の『成田山分身《ふんじん》不動』でも、市川団十郎は不動明王を演じている。初代が胎蔵《たいぞう》界の不動明王、二代が金剛《こんごう》界の不動明王に扮《ふん》し大ヒットとなった。これは、成田山新勝寺の出開帳《でがいちょう》との相乗効果を狙ったものである。

じつは新勝寺の照範上人《しょうはんしょうにん》は、団十郎効果で人気が出た新勝寺の信者拡大と新本堂の建造費を得る目的で、江戸の深川《ふかがわ》の永代寺《えいたいじ》境内の深川八幡宮《はちまんぐう》で四月から六月まで出開帳をおこなったのである。これは初めての試みだったが、本尊の不動明王をはじめ、さまざまな寺宝が公開され、人びとが殺到した。

もちろん市川団十郎父子も、歌舞伎関係者を大勢連れて訪れた。尾張《おわり》藩主や小田原藩主など、大藩の奥方たちもわざわざ見学している。さらに驚くべきは、不動明王像は江戸城の三の丸にまで運ばれたから、将軍綱吉《つなよし》の母・桂昌院《けいしょういん》も拝観していることだろう。いかに話題になっていたかがわかる。

六十一日間の興行で、なんと二千百二十両の収入があったという。本堂の建設費は五百両だったから、その四倍も収益を出したのである。

これを機に、新勝寺では江戸期を通じて出開帳を十六回おこなっている。さらに各地を巡る巡行《じゆんこう》開帳を四回。また新勝寺の境内で寺宝を公開する居開帳《いがいちよう》も二十一回開催した。こうして成田山新勝寺は全国的に有名になり、江戸から行徳《ぎようとく》まで舟で行き、そこから陸路（成田街道）で新勝寺にお参りする人びとが列をなすようになった。

父の殺害者と対面した二代目・団十郎は……

なお、不動明王を演じて名声を欲しいままにした初代・市川団十郎だったが、四十五歳の若さで世を終えてしまう。自然死ではない。役者仲間に殺されたのである。

元禄十七年（一七〇四）二月、震災で焼失した江戸の市村《いちむら》座が再建され、新築された小屋のこけら落としとして、同月十三日から歌舞伎が演じられた。このとき初代・団十郎も出演したが、事件は七日目に発生した。

二番目から三番目の中入り休みに、団十郎は生島半六《いくしまはんろく》に突如《とつじょ》刺し殺されたのである。女性関係のもつれだとか、半六の息子・善次郎《ぜんじろう》を団十郎がいじめたからだなどといわれるが、本当のところはよくわからない。

このとき二代目・団十郎はまだ十七歳の少年だった。偉大な父親をいきなり失って、その後数年間は端役《はやく》に甘んじなくてはならなかった。団十郎は悔しくてたまらず、父の仇討ちを再三幕府に願い出た。だがなかなか許しが出ないの

二代目・市川団十郎
（『團十郎舞台似顔繪 二代目大栢莚団十郎』、国立国会図書館所蔵）

で、ついに相手を傷つけないという約束をして生島半六と対面したのである。

このとき二代目・団十郎は懐《ふところ》から短刀を取り出し、半六の首に斬りつけた。いや、斬りつける仕草だけだった。これで恨《うら》みを散じることにしたのである。そのうえで幕府に半六の助命を願ったという。

それから団十郎は成田山へ行き、奥座敷で二十一日間断食《だんじき》して、不動明王に名優になれるよう祈り続けたという。その後、二代目が演じた『暫』は大人気となり、その宿願を果たしたのである。ただ、それからも二代目・団十郎は、眼病のさい成田山に籠《こ》もるなど、同寺を篤《あつ》く崇敬《すうけい》している。

その後、歴代の団十郎も成田山新勝寺と深い関係を持ったが、最高の名優とうたわれた七代目団十郎は、一千両の金を出して額堂《がくどう》を新勝寺に寄進し、文政《ぶんせい》五年（一八二二）の上棟《じょうとう》式のさいには額堂の正面に接待所をもうけ、訪れた人びとに自ら茶を出した。

ただ、七代目はなかなか跡継ぎに恵まれなかった。そこで新勝寺に祈願すると、翌六年（一八二三）に男児が誕生した。これがのちの八代目・団十郎である。

だが、天保《てんぽう》の改革がはじまると、歌舞伎は贅沢《ぜいたく》だとして歌舞伎小屋は銀座から浅草へ強制移転され、団十郎も贅沢な暮らしをしているという理不尽な理由によって、天保十三年（一八四二）に江戸所払《ところばら》いとなってしまった。

このとき団十郎を救ったのは、成田山であった。団十郎は境内の延命院《えんめいいん》に隠《いん》棲《せい》したのだった。このおり断食などの修行をしている。その後、関西へ行って興行していたが、嘉永《かえい》二年（一八四九）に赦免《しゃめん》となって江戸に戻った。

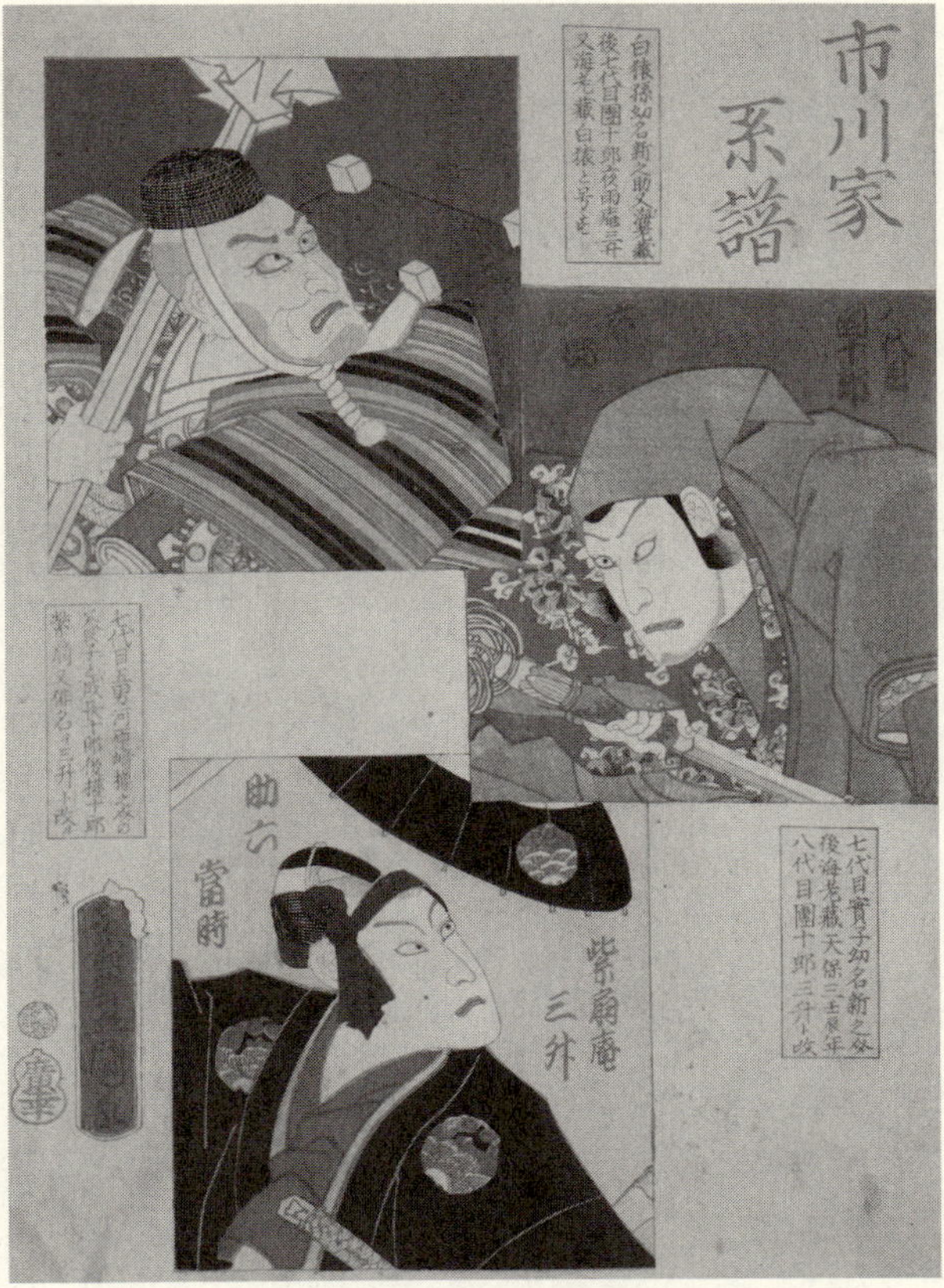

七代目・団十郎（左上）、八代目・団十郎（右上）（『市川家系譜　七代目団十郎・八代目団十郎・紫扇庵三升』、国立国会図書館所蔵）

八代目は成田山に祈って生まれたので、不動明王の申し子と考えられていたようだ。とくに嘉永四年（一八五一）に舞台で倒れ、一時は死亡説まで出る始末であったが、やがて息を吹き返した。これはすべて不動明王の御利益《ごりやく》であるという噂《うわさ》が流れ、本人はそれを題材に舞台を演じ、大ヒットをとった。

このように成田山新勝寺と市川団十郎家は切っても切れない縁でつながっており、団十郎あっての新勝寺であり、新勝寺あっての団十郎といえるのである。

コラム9 吉良の首を持った赤穂浪士を、泉岳寺はどう応対したか?

江戸高輪《たかなわ》の泉岳寺《せんがくじ》は、徳川家康が今川義元《いまがわよしもと》の菩提《ぼだい》を弔《とむら》うために、その孫にあたる門庵宗関《もんなんそうかん》を招いて慶長《けいちょう》十七年(一六一二)に創建した曹洞宗《そうとうしゅう》の寺院である。周知のように家康は幼少期、今川家の人質であった。

そんな泉岳寺を驚愕《きょうがく》させる出来事が元禄《げんろく》十五年(一七〇二)十二月十五日早朝に発生する。異様な装束《しょうぞく》を身につけ、槍《やり》や長刀《なぎなた》を携えた集団が門前に来て「通ってよいか」と言ってきたのだ。中には血だらけの者もいる。驚いて住職と相談している間に勝手に境内《けいだい》に入ってしまった。

彼らは赤穂《あこう》浪士だった。周知のように赤穂藩主・浅野長矩《あさのながのり》は、江戸城で高《こう》家《け》の吉良上野介《きらこうずけのすけ》に斬《き》りつけ、切腹。浅野家はお家断絶となった。赤穂の旧臣(浪士)たちはこの裁定を不服とし、数時間前に両国《りょうごく》の吉良邸へ押し入り吉良の首を取ったのである。浪士たちは上野介の息子である米沢《よねざわ》藩主・上杉《うえすぎ》綱憲《つなのり》が吉良邸に駆けつけると信じ、両国橋のたもとで臨戦態勢を布《し》いていたが、上杉軍が姿をあらわさないので、長矩が葬《ほうむ》られている浅野家の菩提寺の泉岳寺へおもむき、吉良の首を墓前に供《そな》えようと考えた。吉良邸から泉岳寺まではおよそ十キロの道程である。

このとき、討ち入りの噂《うわさ》を聞きつけた大勢の見物人も、浪士に続いて泉岳寺に入り込もうとしたので、泉岳寺では門を閉じ、門番を置いて出入りを厳しくチェックしたという。浪士たちは吉良の首を境内の井戸で洗い、浅野家の墓地に足を入れ、すぐ右手にある、亡《な》き主君・浅野長矩の墓前に首を供え、手を合わせて討ち入りの成功を報告したのだった。

その後浪士たちは、玄関で武器を置き「拙者《せつしゃ》どもは今暁《こんぎょう》、主の敵《かたき》・吉良上野介を討って、墓前に首を手向《たむ》けるため参上した」と言い、これまでの経緯と大目付《おおめつけ》に処分を委《ゆだ》ねるため使いを送ったことを述べた。

泉岳寺では、浪士たちを客殿や衆寮《しゅりょう》に案内し、粥《かゆ》や茶の接待をして慰労《いろう》した。白明《はくめい》はこのとき浪士たちの給仕《きゅうじ》をしたが、その志《こころざし》に感銘《かんめい》をうけ、懐紙《かいし》を取り出して浪士たちに和歌を書いてもらっている。浪士は風呂も勧められたが、いつ何時《なんどき》上杉軍の来襲があるやもしれぬとして、入る者はいなかった。が、疲れ切っていたのだろう、寺に入って安堵《あんど》したのか、彼らの多くが武装したままぐっすりと眠ってしまったという。やがて大目付の使いの御徒《かち》目付が来て、浪士たちは全員、大目付の屋敷に移動することになり、リーダーの大石内蔵助《おおいしくらのすけ》が泉岳寺の僧に礼を述べ、自らが先頭となって勇ましく去っていった。

浪士たちは四大名家にお預けとなり、翌十六年二月、切腹処分となった。遺体は間新六《はざましんろく》を除き（供養墓は建立された）、全員が泉岳寺の主君の墓の隣りに葬られた。いまでも浪士たちを慕い、墓参りに訪れるファンは跡を絶たない。

第十九章

大奥女中の不貞が原因⁉
感応寺が廃絶された真相とは

「話してはいけない」といわれた大奥の中

江戸城の本丸御殿《ほんまるごてん》は、表《おもて》・中奥《なかおく》・大奥《おおおく》の三つに分けられるが、そのうち六割もの面積を占めているのが大奥である。

大奥は、徳川宗家《そうけ》の血統を残すためにつくられた、いわば将軍のハーレムであり、原則、将軍以外の成人男性は入ることができない。

そんなどこか秘められた感じのする大奥であるが、天保《てんぽう》の改革期には、将軍の寵姫《ちょうき》をも巻き込んだ一大事件が起きている。世にいう「感応寺事件《かんのうじじけん》」である。事の次第は詳しく説明していくが、事件の真相に迫ると、大奥の実像だけでなく老中・水野忠邦《みずのただくに》の思惑が透けて見えてくるのである。

事件について語る前に、大奥のシステムについて簡単に触れておこう。

大奥と中奥（将軍の執務室兼居間）の間は、銅瓦塀《どうがわらべい》などで完全に分断されており、唯一その両空間を繋《つな》いでいるのが御鈴《おすず》廊下と称する渡り廊下だった。

将軍は、この廊下から大奥の内部へ入っていく。明暦《めいれき》の大火以後、避難用として下《しも》御鈴廊下が増設されると、本来の御鈴廊下は上《かみ》御鈴廊下と呼ぶようになった。ふだん廊下の南端は九尺七寸（約二メートル九十四センチ）の頑丈な杉戸で閉ざされているうえ、戸は施錠《せじょう》されていたので、入り口を御錠口《おじょうぐち》という。杉戸は二重になっていて、二間（約三・六メートル）先にも同じ戸があり、これも大奥側から固く施錠されていた。

廊下に御鈴の名がついたのは、将軍が大奥へ出向くさい、鈴を鳴らして御成《おなり》を大奥に知らせ、杉戸を開かせたからだという。ただ、鈴がどのように設置されていたかは諸説あって定かではない。

天井から下がった綱に鈴が数個ついていたとする説。御錠口の綱が廊下づたいに二十間（約三十六メートル）先の御鈴番所まで通してあり、綱を引くと番所の鈴が鳴る仕組みになっているという説。天井の綱を引くと、廊下に通した紐《ひも》に等間隔につるした多くの鈴が一斉に鳴ったという説もある。

いずれにせよ、鈴の音によって将軍の来訪を知った番所の奥女中は、すぐに錠を外して杉戸を開き、中臈《ちゅうろう》（大奥の高級女官）と御伽坊主《おとぎぼうず》（女性の雑用役）とともに両手をついて出迎えたといわれる。

ちなみに、廊下の両脇に女性たちの部屋があって、ずらりと居並んで将軍を迎えるというのはフィクションで、しばらくは両側とも壁が続き、やがて廊下は直角に右へ折れ、ようやく部屋が現れる構造になっている。また、天井は三メートルの高さで、廊下の床は畳敷きだったといわれている。

奥女中になった者は、「中での様子を話さない」と誓わされるので、この大奥という女性だけの空間についてはほとんど記録に残っていない。

そもそも何人の女性が大奥にいたのかすら、正確な数字が残っていない。三千人という巷説《こうせつ》もあるが、それはオーバーでおそらく四、五百人ほどだったと思われる。

彼女らは将軍や御台所《みだいどころ》（将軍の正室）、その子供たちの身の回りの世話をしたが、血統を絶やさぬことが目的なので、将軍は自分付の女中であれば、誰でも指名して夜の相手をさせることができた。こうした状況なら多くの側室を得て子供がたくさん生まれそうだが、そうはならなかった。四代・家綱《いえつな》、十三代・家定《いえさだ》、十四代・家茂《いえもち》は子が生まれず、七代・家継《いえつぐ》は幼くして亡くなり、五代・綱吉《つなよし》、六代・家宣《いえのぶ》、十代・家治《いえはる》の跡継ぎも夭折《ようせつ》してしまっている。

大奥を描いた錦絵(『千代田之大奥 婚礼』、国立国会図書館所蔵)

また、二代・秀忠《ひでただ》、三代・家光《いえみつ》、八代・吉宗《よしむね》、九代・家重《いえしげ》、十二代・家慶《いえよし》の男子も夭折しなかったのは一名から数名に過ぎなかったのである。つまり、たくさんの女性と性交渉が可能だといっても、意外に将軍たちは淡白だったようだ。

大奥は現在の金額にして年間二百億円ちかい経費を使い、当時の幕府財政のおよそ一割を占めたとされる。上級女中のなかには年収二千万円を超えるような高給取りもいたらしい。

だから紀州《きしゅう》藩から徳川宗家を継いだ八代・吉宗は、享保《きょうほう》の改革の一環として経費節減のため大奥の女性五十人をリストラしている。

吉宗のリストラは、とても変わっていて、大奥の美女を五十名集めさせ、彼女たちに退職を申し渡した。「若くて美しければ、良縁に恵まれる」という理由からだった。

なお、将軍の手のついた女中でも、三十歳を過ぎると将軍に伽《とぎ》を求められても断らなくてはならない決まりになっていた。二十歳《はたち》を過ぎると「年増《としま》」と呼ばれた時代ゆえ、当時の三十歳は現在でいえば五十歳近くにあたったのだ。ちなみに四十歳を過ぎると、今でいえば老人ホームのようなものが用意され、お手がついた女中や上級女中は悠々自適の生活を送った。

上級女中は公家《くげ》や武家の娘から選ばれたが、将軍のお手がつき、男子をもうけたら自身も親族も一気に栄達した。だから美しい娘が生まれると、習い事をさせて教養を身につけさせ、何とか大奥へ上げようとしたのである。巷説によれば、五代将軍・綱吉の生母・桂昌院《けいしょういん》は、玉《たま》といって八百屋（畳屋、西陣織屋とも）の娘だったとされる。たとえ将軍と結ばれずとも、大奥に入った女性は良縁に恵まれた。大奥では行儀作法や音曲《おんぎょく》なども仕込まれたので、今でいえば有名女子大学に入ったようなものだから箔《はく》がついたのである。

将軍の寵姫のお願い!? 感応寺の創建

さて、将軍のうち例外的に子供が多かったのは、初代・家康、十一代・家《いえ》斉《なり》、十五代・慶喜《よしのぶ》である。家康は十数人、最後の将軍・慶喜は二十数人の子供をもうけている。しかし家康の頃は大奥は存在せず、慶喜の子はすべて大奥が消滅した明治時代になってから生まれている。

そういった意味では、大奥でたくさんの子づくりをしたのは家斉だけなのである。しかも、その数はある意味、驚異だ。判明しているだけで四十人以上の側室がおり、その多くの女性に五十五人もの子供を産ませているのだ。

家斉は、生まれた子供たちを養子や聟《むこ》、嫁として徳川御三家、会津《あいづ》藩、加賀《かが》藩、越前《えちぜん》藩、広島藩、仙台藩、佐賀藩といった主に大藩の大名家へ送り込んだ。その数は大名家のおよそ十分の一に匹敵する。もしかしたらすべての大名家に自分の血統を入れようという野望を持っていたのかもしれない。

ちなみに東京大学の赤門として有名な、加賀藩（前田《まえだ》家）の上屋敷の御守殿《ごしゅでん》門《もん》だが、これは第十二代藩主の前田斉泰《なりやす》が、家斉の二十一女・溶姫《やすひめ》を嫁にもらうにあたって新築させたものなのだ。

そんな溶姫を産んだのが、家斉の側室・お美代《みよ》の方であった。将軍のたいへんな寵愛《ちようあい》を受け、大奥で大きな権力をふるい、政治にも口をはさんだといわれる。ただ、将軍のお手つきの女中がおねだりをしないよう、幕府は大奥に「御《お》添寝役《そいねやく》」という制度を設けていた。将軍がお手つきの女中と寝室に入ると、すぐ側に全く別の若い女が背を向けて横たわる。それが御添寝役だ。

この役は、一晩中寝ないで二人の性行為や睦言《むつごと》に耳をそばだて、一言一句漏《も》らさずに暗記し、翌朝、御年寄《おとしより》（大奥の高級女中）にそれを詳細に報告するのである。じつは五代将軍・綱吉のとき、重臣の柳沢吉保《やなぎさわよしやす》の息のかかった女が、寝床で綱吉に対して吉保の加増をねだり、百万石のお墨付きを与えられたことからこの制度が発足したという。つまりは、閨房《けいぼう》の政治的利用を回避するためのシステムであった。

だが、お美代の方は、それをすり抜けて、あるいは堂々と無視して、さまざまなお願い事を家斉にしたらしい。その結果、再興されたのが感応寺であったとされる。天保五年（一八三四）、雑司ヶ谷《ぞうしがや》村にあった磐城平《いわきたいら》藩の安藤対馬守《あんどうつしまのかみ》の下屋敷を召し上げ、およそ三万坪ちかい土地に将軍・家斉の祈願寺として感応寺（日蓮宗《にちれんしゆう》）の創建（形式的には再興）が決まったのだ。

寺の造成には日蓮宗の信者たちが男女大勢参加して土や材木などを運んだが、そうした者たちにまじって大奥の奥女中も作業に参加している。こうして寺地には客殿《きやくでん》、祖師堂《そしどう》、鐘楼《しようろう》、五重塔、山門《さんもん》、経蔵《きようぞう》などが次々と建てられ、同八年（一八三七）には幕府が莫大な費用を出して壮麗な本堂が完成した。

巷説と史実の食い違い

ところがそれからわずか四年後の天保十二年（一八四一）、幕府は感応寺を廃寺することに決め、壮大な伽藍《がらん》は建物だけでなく植木も撤去されてしまったのだ。

家斉が死去し、その子・家慶（十二代将軍）のもとで老中・水野忠邦が天保の改革をはじめた。廃寺は改革の一環だとされるが、お美代の方は失脚して押《おし》込《こめ》となり、感応寺の住職も罪に問われた。そんなことからさまざまな噂《うわさ》が広がっていった。

その裏事情を明治二十五年（一八九二）に『燈前一睡夢《とうぜんいっすいむ》』と題する一書にまとめたのが、祖父が徳川家斉の娘・峯《みね》姫に仕《つか》えたという大谷木《おおやぎ》醇堂《じゅんどう》であった。

その原文を意訳して簡潔に紹介しよう。

「中野播磨守《なかのはりまのかみ》の養女であるお美代の方は、実父が貧しい僧であった。実の父はお美代の方を養育できずに知り合いの町人に渡したが、美しい娘になったので中野の目にとまり、養女として大奥へ入った。

やがて家斉の側室になった彼女の威光により、実父は取り立てられ、家斉の祈願寺として七堂伽藍を持つ感応寺の創建を認められることになった。娘のおかげで栄達したわけだ。

感応寺では、代参と称してやってくる大奥の女性たちに僧侶をあてがって不義をさせた。女中たちも増長し、感応寺への寄進物であるといって、かわるがわる大きな長持《ながもち》に入って寺に行き、姦淫《かんいん》を楽しむようになった。

これを見とがめた者が大目付《おおめつけ》に連絡し、役人が寺に運び込まれた長持を開けさせたところ、生きた女が出てきたのである。こうして悪事が露見し、多くの奥女中が処罰され、感応寺は廃寺となった」

そう書かれている。この話は、のちに大正時代から昭和初期に活躍した江戸文化・風俗の研究家である三田村鳶魚《みたむらえんぎょ》によって巷間《こうかん》に広まり、尾ひれがついて次のような話になった。

「お美代の方の実父・日啓は、日蓮宗の中山法華経寺《なかやまほけきょうじ》内の智泉院《ちせんいん》の住職をしており、娘の威光を利用して智泉院を将軍家の祈禱所《きとうじょ》とし、大奥の女性たちを篤《あつ》く接待した。

住職はその後、日啓の息子・日量にかわったが、江戸から下総《しもうさ》国の智泉院まで頻繁に大奥女中を乗せた駕籠《かご》が通過した。往復するだけで十四里（五十六キロ）の道程だった。日蓮宗では、これを教域拡大のチャンスと考え、お美代の方を通して幕府に感応寺の再興を願い、これを将軍の菩提寺《ぼだいじ》にしようと企《くわだ》てた。天保五年（一八三四）五月、その願いがかない、壮麗な感応寺がつくられたのである。

やがて、その住職には日詮が就任し、大奥女中らのホストクラブとして発展を遂げるはずだったが、先に述べたように家斉が死去したことで、廃寺となったのである。なお、このおり智泉院も摘発《てきはつ》を受けた。

不貞な行動をしていた大奥女中は三十人近くに及んだため、摘発を担当していた寺社奉行《ぶぎょう》の阿部正弘《あべまさひろ》は、このスキャンダルを不問に付すことにしたが、日啓とその子・日量、さらに甥《おい》の日尚は女犯《にょぼん》の罪で処罰した。七十一歳になった日啓は遠島《えんとう》と決まったが、息子の日量とともに牢内で死去した。一説には抹殺《まっさつ》されたのだという」

だが、いま述べたことはほとんどでたらめで、史実と大きくかけ離れている。

確かに感応寺は、天保三年（一八三二）に日蓮宗の池上本門寺《いけがみほんもんじ》に溶姫の老女の部下が参詣《さんけい》したさい、貫主《かんじゅ》の日萬が感応寺再興を願った書き付けを渡し、お美代の方への取りなしを求めたことがはじまりである。

しかし実際には、日啓はお美代の方の父ではなく兄にあたり、感応寺の件にはほとんど関与していないし、住職にもなっていない。開山となったのは日萬であった。天保七年（一八三六）に日萬にかわって感応寺の住職となった日詮も、お美代の方の兄ではなく、現在の東京都品川区にある中延法蓮寺《なかのぶほうれんじ》の住職だった。中山法華経寺と似ていることから、いい加減な説が生まれてしまったのだろう。

実際は、老中・水野忠邦の日蓮宗への弾圧の一環として、感応寺は廃寺となったのである。周知のように、忠邦の天保の改革は徹底していた。前将軍・家斉が奢侈《しゃし》を好んだものだから、その風潮は社会全体をおおい尽くし、風紀が乱れていた。そこで忠邦は家斉が死没すると、家斉の寵臣や側近多数を罷免《ひめん》する粛正《しゅくせい》人事を断行。天保十二年（一八四一）五月、上級幕臣を集め、将軍・家慶の出座のもとで幕政改革（天保の改革）をはじめたのだ。

倹約令を発して贅沢《ぜいたく》品の製造・売買を禁止し、多数の商人が贅沢品を販売したという理由で、役人に商品を封印され、手鎖や財産没収、追放などの処罰を受けた。

庶民の娯楽である歌舞伎や寄席《よせ》も制限された。寄席では落語以外に浄瑠璃《じょうるり》や講談、物まねなどの演芸がおこなわれたが、忠邦は学問の講義や昔話、軍書講義にかぎるとし、二百軒以上あった江戸の寄席を次々とつぶし、わずか十五軒に減らしている。

歌舞伎小屋も当時はまだ場末《ばすえ》だった浅草へ強制移転させ、歌舞伎役者には出歩くときは編み笠をかぶり、顔を見せてはならぬと命じた。華美な錦絵《にしきえ》も取締りの対象となり、政治批判の書や好色本《こうしょくぼん》のみならず、庶民に人気が高かった人情本や合巻《ごうかん》なども政権から嫌悪《けんお》され、人気作家の為永春水《ためながしゅんすい》や柳亭種彦《りゅうていたねひこ》が処罰された。

こうしたなかで宗教も粛正されたのだ。とくに家斉から厚遇されていた日蓮宗は、かっこうのターゲットとなり、日蓮宗の二十数カ寺の僧侶たちが女犯の罪で摘発されたのである。

なお、天保の改革はあまりの厳しさのためわずか二年で中断し、水野忠邦は失脚した。その噂が広まると、庶民が忠邦の屋敷のまわりに集まり、罵声《ばせい》をあびせ、屋敷に石を投げ、ついには辻番所《つじばんしょ》（警備小屋）を破壊して江戸城の堀に投げこんだ。ささやかな娯楽を奪い、堅苦しい社会にしてしまった忠邦のことを、庶民は怨嗟《えんさ》していたのであろう。幕府の役人が制止してもきかず、役宅の不浄門《ふじょうもん》も引き倒され、暴徒が敷地に侵入せんばかりになった。このため近隣大名や町奉行所が出兵、これによりようやく騒動は沈静化した。

いずれにせよ、感応寺は忠邦の弾圧の一環により、地上から消滅してしまったのである。

コラム10 新選組と関わりの深い寺院と、驚きの顛末

新選組と寺院が関係あるというのは、ちょっと不思議な気がするだろう。

しかし、意外につながりが深いのだ。幕府は文久《ぶんきゅう》二年（一八六二）、翌年の十四代将軍・家茂《いえもち》の上洛《じょうらく》に先だって将軍を警護する浪士を募ったが、その集合場所が伝通院《でんづういん》の塔頭《たっちゅう》・処静院《しょじょういん》だった。集まってきた者のなかには近藤勇《こんどういさみ》や土方歳三《ひじかたとしぞう》の顔もあった。

処静院は廃されてしまったが、当時の石柱が伝通院門前に現存する。伝通院は徳川家の菩提寺の一つで、墓地には家康の生母・於大《おだい》の方や孫娘の千姫《せんひめ》の墓、さらには浪士募集の中心となった庄内《しょうない》藩出身の清河八郎《きよかわはちろう》の墓がある。

清河は、幕府の役人をだまして浪士たちを京都へ連れていき、京都壬生《みぶ》に到着した夜、主たる者を新徳寺《しんとくじ》本堂に集め、朝廷のために江戸で攘夷活動を

おこなうと宣言、すぐに江戸へ引き返した。

これに反対して京都に残留し、壬生浪士組（後の新選組）を結成したのが芹沢鴨《せりざわかも》、近藤勇、土方歳三、沖田総司《おきたそうじ》らだった。だが、すぐに派閥争いが起こり、芹沢一派は屯所《とんしょ》の八木《やぎ》邸で近藤一派に暗殺された。

芹沢が葬《ほうむ》られたのは、八木邸近くの壬生寺である。境内《けいだい》は広々としていて、ここで沖田総司は子供たちと鬼ごっこをしたという。同寺には芹沢鴨の墓のほか、平山五郎《ひらやまごろう》、河合耆三郎《かわいきさぶろう》の墓石、さらに合葬墓があり、十一名が祀《まつ》られている。かつて近藤勇は、壬生寺で新選組の軍事調練をするとともに、狂言を鑑賞したり相撲興行をしたという。

やがて屯所が手狭になったため、副長の土方歳三は西本願寺《にしほんがんじ》に目をつけた。同寺は広大なうえ堀《ほり》や塀で守られているから、鉄壁の防備ができる。また、東本願寺が幕府寄りだったのに対し、西本願寺は勤王方《ぎんのう》に好意的だったので、寺の動きを監視できる。

一方、この噂《うわさ》を聞いて驚いた西本願寺は、新選組総長の山南敬助《やまなみけいすけ》に計画の白紙撤回を哀願《あいがん》した。そこで山南は局長の近藤に撤回を求めたが、近藤に相手にされなかった。腹を立てた山南は脱走したが、沖田総司に捕まり、「隊を脱するを許さず」という局中法度《きょくちゅうはっと》違反を理由に切腹を命じられた。

山南の遺体は、近くの光縁寺《こうえんじ》に葬られた。皮肉なことに、新選組隊士を埋葬する許可は、同寺の住職と親しくなった山南がとっていたのだという。まさか自分が葬られるとは夢にも思わなかったろう。

ともあれ、新選組の屯所となった西本願寺に二百名以上の隊士たちが住み込み、境内で鉄砲や大砲の訓練が始まった。これに寺は仰天《ぎょうてん》し、隊を預かる会津《あいづ》藩に訓練の中止をかけあっている。結果、境内での訓練は厳禁となった。

その後、新選組の伊東甲子太郎《いとうかしたろう》らが近藤勇と袂《たもと》を分かち、御陵衛士《ごりょうえじ》という組織をつくる。彼らが拠点にしたのも寺院だった。豊臣秀吉の正妻・おねが眠る高台寺《こうだいじ》の塔頭・月真院《げっしんいん》である。

第二十章

皇室の菩提寺・泉涌寺で、天皇はどのように葬送されたか

四条天皇の前世は、泉涌寺の創建者だった!?

天皇家に菩提寺《ぼだいじ》があるのをご存じだろうか。京都東山《ひがしやま》の泉涌寺《せんにゆうじ》である。その寺は天皇家とどのように縁を持ち、歴代天皇はどのように葬送されたのだろうか。

泉涌寺を創建したのは、俊芿《しゆんじよう》(月輪大師《がちりんだいし》)という僧侶だ。

俊芿は、永万《えいまん》二年(一一六六)に肥後《ひご》国(熊本県)甘木荘に生まれた。両親の名前すら伝わっておらず、誕生してすぐ母親に道ばたの木の下に捨てられたという。ところが三日経っても獣や鳥に食べられることがなかったので、哀れに思ったのか、姉が自宅に連れ帰り、再び育てることになったとされる。

四歳のときに肥後国の池辺寺《ちへんじ》に預けられ、その後、常楽寺《じようらくじ》の真俊大徳について修行した。やがて宋《そう》へわたって十二年間も仏法を学び、帰国後はさまざまな宗派を修得し、泉涌寺を創建したのだという。

ただ、泉涌寺が皇室と深いつながりを持つようになったのは、俊芿の死後のことである。

承久《じょうきゅう》三年（一二二一）、後鳥羽《ごとば》上皇が鎌倉幕府の執権《しっけん》・北条義時《よしとき》の追討を命じ、挙兵した。世にいう承久の乱である。戦いは幕府軍の圧勝に終わり、後鳥羽上皇だけでなく、その第一皇子の土御門《つちみかど》上皇、第三皇子の順徳《じゅんとく》上皇が処罰され、順徳の嫡出《ちゃくしゅつ》の皇子でわずか四歳の仲恭《ちゅうきょう》天皇も廃されてしまった。

かわって皇位についたのは、守貞《もりさだ》親王の第三皇子である茂仁《ゆたひと》王（のちの後堀《ごほり》河《かわ》天皇）だった。その父・守貞親王は高倉《たかくら》天皇の第二皇子として生まれた。兄は清盛の娘・建礼門院《けんれいもんいん》（平徳子《とくこ》）が産んだ安徳《あんとく》天皇であった。ただ、後堀河天皇の母は建礼門院ではなく、権中納言《ごんのちゅうなごん》藤原基家《もといえ》の娘・陳子であった。

この時代、朝廷では上皇による院政がしかれていたが、承久の乱に連座して上皇がすべていなくなってしまったので、異例ながら鎌倉幕府は、皇位についたことのない守貞親王に院政をさせた。

貞永《じょうえい》元年（一二三二）、後堀河天皇に秀仁《みつひと》親王（第一皇子、のちの四条《しじょう》天皇）が生まれると、秀仁に譲位して二十一歳で院政を開始した。が、後堀河は二年後に早世してしまう。彼には他に弟や男児がいなかったため、四条天皇は高倉皇統で唯一の男系となった。まさに皇統の断絶が心配されたが、案の定、それから数年後に四条天皇が十二歳で事故死してしまう。

イタズラを思い立ったのが、自らの不運を招いたのである。あるとき、宮廷の女房たちを驚かそうとして、四条天皇は御所《ごしょ》の廊下に滑《すべ》る石をばらまいた。ただ、本当に滑るかどうかを自分で試してみたところ、転倒して頭部を強打し、三日後に死んでしまったと伝えられる。

そんな四条天皇の葬儀は泉涌寺で執行された。天皇の葬式は、同寺では初めてのことである。

その理由は、『増鏡《ますかがみ》』によれば意外なものであった。まだ四条天皇が言葉もろくに話せなかった幼児のとき、ある人が何気なく「あなたの前世はどなただったのですか」と尋ねた。すると四条天皇ははっきりと「泉涌寺の開山・俊芿である」と答えたのだという。

またある人の夢のなかに俊芿上人《しょうにん》が現れ、「私はすみやかに成仏すべきを、いらない妄念《もうねん》を起こして、もう一度人間界に生を得て、天皇の位について泉涌寺の繁栄を助けようと考えた」と言ったとある。この伝承が事実かどうかわからないが、仁治《にんじ》三年（一二四二）、四条天皇の墓所（新御堂）が泉涌寺の境内《けいだい》、開山塔《かいざんとう》（俊芿の墓所）のすぐ近くにつくられたのである。

後光厳上皇時代に広まった奇跡的な話

その後、天皇の葬儀は百数十年間おこなわれなかったが、応安《おうあん》七年（一三七四）正月に北朝の後光厳《ごこうごん》上皇が崩御《ほうぎょ》すると、葬儀は泉涌寺で執行された。後光厳は泉涌寺の舎利《しやり》を深く崇拝《すうはい》していたので、同寺の竹巌《ちくがん》上人の徳を慕い受戒《じゅかい》していた。その縁で葬儀がおこなわれたのである。

舎利というのは、釈迦《しやか》の骨である。とくに泉涌寺の仏舎利はいわくつきであった。

まだ後光厳が生きていた延文《えんぶん》四年（一三五九）二月二十七日、南北朝の動乱のなかで、京洛《けいらく》でも治安が悪化。舎利を含む寺宝の数々が倉庫から盗み出されてしまった。

ところが三月一日の真夜中、「舎利を見つけた。早く受け取れ」という大声が聞こえたのである。すぐに僧侶たちが表に出てみると、寺の裏山に松の柱が立ち、その周りにたくさんのかがり火が焚《た》かれているではないか。

不気味に思った寺僧たちは、勇気をふるって山中に分け入ったところ、松の木の上に仏舎利が置かれ、輝きを放っていたのである。また、盗まれた宝物もその近くに積まれていた。

僧たちが驚いているところに、小袴《こばかま》を穿《は》いた男が現れ、「舎利などを探し出したので、お返しします。ただ、すべてではありません。少しばかり足りないでしょう。しかし、これ以上詮索すると、あなたがたのためになりませんよ」と脅《おど》した。そこで僧侶たちはこれを承知したという。

こうして宝物が戻ったことで寺は喜びに沸《わ》いた。太政大臣《だいじょう》だった洞院公賢《とういんきんかた》の日記『園太暦《えんたいりやく》』によれば、泥棒は近所の悪党たちの仕業《しわざ》であり、宝物を手に入れたところ、仲間のうち二人が喧嘩《けんか》をして死んでしまった。悪党たちが天罰だと怖がっていたら、神がかりの八歳の少女が、「早く寺に返さないと全員が死ぬ」と告げたので、すぐさま泉涌寺に戻したのだという。

この話は、たちまちに広く伝播《でんぱ》し、泉涌寺の人気を大いに高めた。そして能の演目にまでなった。そうした舎利の功徳《くどく》を知り、後光厳も泉涌寺に出入りするようになったのだろう。

後光厳上皇の遺体は、夜に三条実継《さんじょうさねつぐ》や三条実音《さねとし》を筆頭とする公卿《くぎょう》や貴族、女房たち四十人近くが供奉《ぐぶ》して御所を発した。行く先々では幕府の御家人《ごけにん》たちが警護にあたった。遺体をのせた御車《みくるま》はそのまま泉涌寺の大門から境内に入り、法堂の前でとまった。そして錦にくるんだ柩《ひつぎ》を御車から降ろし、事前に用意された神輿《みこし》に入れた。たくさんのロウソク、錦《にしき》の旗、位牌などが立てられ、僧侶たちの読経《どきょう》がおこなわれた。

その後、遺体をのせた神輿は火屋《ひや》に移される。薄檜皮葺《うすひわだぶき》の屋根の簡素な建物で、周囲は仮垣で囲われ、内側には幔幕《いばく》がはりめぐらされており、入口には鳥居が立つ。棚には大きな位牌や沈香《じんこう》を焚いた香炉《こうろ》がおかれた。神輿から柩が出され、火屋の穴の中へ入れる。やがて積み上げられた薪にたいまつの火がともされ、遺体は荼毘《だび》に付されるのである。後光厳上皇の遺骨は深草法華堂《ふかくさほっけどう》に納められたが、一部は天龍寺《てんりゅうじ》に分骨されたという。

これを機に、御円融《ごえんゆう》上皇、後小松《ごこまつ》上皇、称光《しょうこう》天皇と続く北朝系四代はすべて泉涌寺で葬儀がおこなわれ、荼毘に付された。境内にはそのときの灰を祀《まつ》った御灰塚もある。

土葬か、火葬か、はたまた……

ただ、天皇が火葬されたことを聞いて、違和感を覚える方もあるだろう。なぜなら現在は土葬になっており、いまの天皇陛下はご自分の埋葬について強く火葬を希望されているからだ。じつはこの時期の天皇は、火葬だったのである。しかも百二十四代の天皇のうち、三分の一は火葬なのである。

初めての火葬は、持統《じとう》天皇である。これは本人の遺言による。「火葬を希望する。喪服を着たり、挙哀《こあい》の儀式をやめ、官僚も通常どおり仕事せよ。葬儀に費用をかけるな」と告げたという。挙哀というのは、天皇の死を悼《いた》んで泣きわめく儀式である。

もちろんそれまでは土葬だった。天皇の葬儀の様子が判明してくるのは、六世紀も後半あたりだ。中国の影響で「殯《もがり》」という風習があった。宮殿内に殯《ひん》宮《きゅう》（建物）をつくり、死者を一定期間安置しておくのだ。この間、死者に対しては、生きているときと同様、食事を提供するなどして妻は生活を共にする。殯の期間だが、敏達《びだつ》天皇は五年八カ月、斉明《さいめい》天皇は五年三カ月というから驚く。

おそらく陵墓をつくるのに時間がかかり、長期化したのではないかと考えられている。殯宮へは皇后などの近親者の女性や葬儀の専門集団しか入れなかった。

平安時代になると穢《けが》れを嫌う念が強くなり、遺体を長期間安置する殯の風習は消える。

そんな平安初期の淳和《じゅんな》天皇は、遺体は火葬にして山中に撒《ま》けと指示した。「人は死ねば天にのぼる。葬儀に費用をかけるのは無駄。墳墓をつくっても鬼が住み着き祟《たた》りをなすだけ」と考えたのだという。

承和《じょうわ》七年（八四〇）、淳和が五十五歳で死去すると、遺言どおり、骨は京都大原野《おおはらの》の西院《さいいん》に散骨された。実行したのは兄の嵯峨《さが》上皇だったが、その彼もまた薄葬《はくそう》を希望し「陵墓はつくらず、棺がおさまるだけの穴を掘って埋めよ。後は草木が生えるままにせよ」と命じた。

平安中期になると「天皇は不死でなければならない」という観念が強くなり、危篤になると急ぎ譲位させて上皇にし、さらに出家させた。ちなみに、院政をはじめた白河《しらかわ》上皇の火葬は、大勢の見物人が集まって騒動が起こっている。それにしても上皇の火葬を見物できるというのは驚きだ。そして室町時代、北朝四代の後光厳天皇から泉涌寺で執行されるようになったのだ。

ただ、応仁《おうにん》の乱の戦火により、泉涌寺の諸堂の大半は焼失してしまう。朝廷の力も弱まり、明応《めいおう》九年（一五〇〇）に死去した後土御門《ごつちみかど》天皇は、四十三日も葬式ができない状況になり、さらに後奈良《ごなら》天皇も約八十日後に葬儀がおこなわれる異常事態になった。

戦乱で燃えた泉涌寺だが、織田信長が将軍・足利義昭《よしあき》と対立したさい、町に放った火によってまた灰燼《かいじん》に帰してしまったらしい。しかしその信長が朝廷の命令を受け、寺の再建をおこなっているのである。

江戸時代前期の後光明《ごこうみょう》天皇から幕末の孝明《こうめい》天皇までは葬儀だけでなく、遺体も泉涌寺境内に葬られるようになった。遺体は土葬となり、その山陵《さんりょう》（天皇

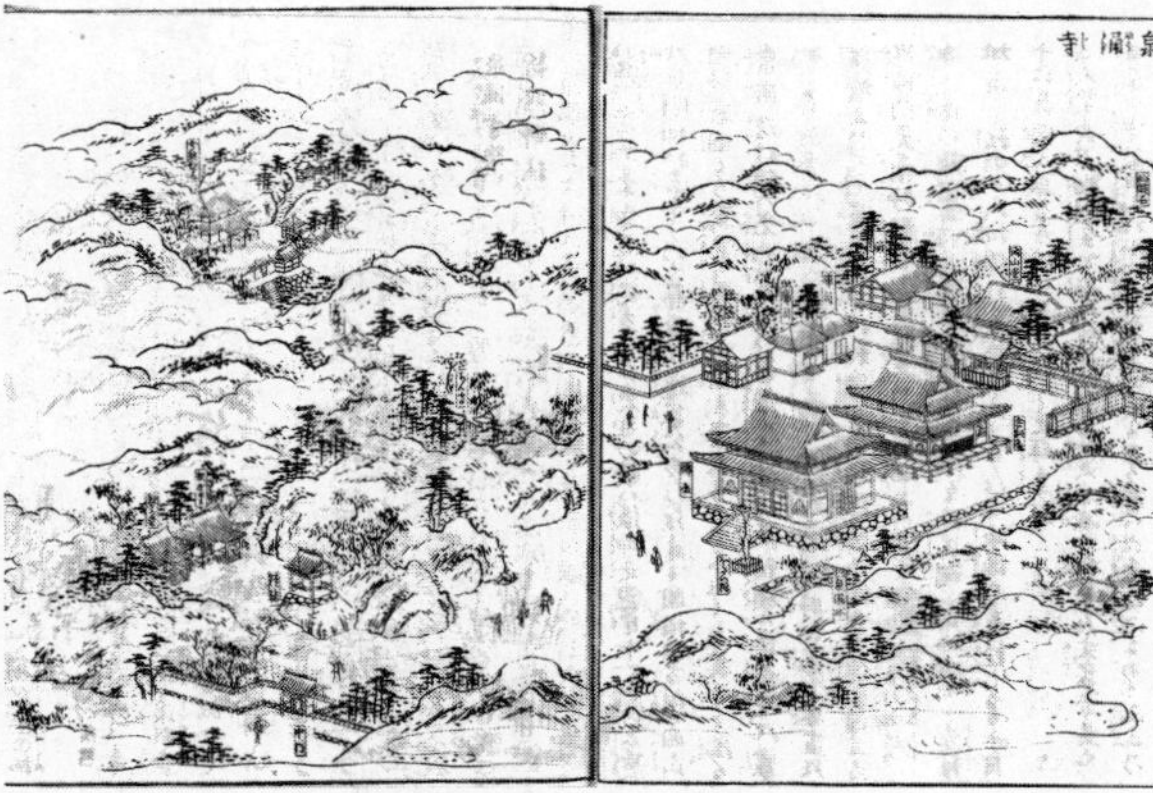

天明６年（1786）に出版された『都名所図会』に描かれた泉涌寺
（国立国会図書館所蔵）

の墓所）は泉涌寺が管理した。

ただ、幕末の孝明天皇は異例であった。孝明天皇は、列強諸国との通商条約に勅許《ちょっきょ》を出さず、攘夷《じょうい》を唱《とな》えたことから、一気に朝廷の権威を高め、やがてそれが倒幕へとつながっていった。

そんな孝明天皇の御葬送取扱御用を幕府から命じられたのは、山陵奉《ぶ》行《ぎょう》の戸《と》田《だ》忠至《ただゆき》である。もともと宇都宮藩士だったが、宇都宮藩が山陵の修復を命じられたとき、戸田が陵墓の補修をにない、その功で藩の重役となり、さらに文久《ぶんきゅう》三年（一八六三）、従五位《じゅごい》大和守《やまとのかみ》に叙《じょ》され、一万石《ごく》を与えられ大名（高徳《たかとく》藩主）となったのだ。

戸田は、朝廷の古式で葬儀を執行し、山陵をつくるべきだと主張した。これが受け入れられ、泉涌寺境内の月輪陵《つきのわみささぎ》（天皇の墓所）に石槨《せっかく》がつくられ、のちに孝明天皇はそこに葬られた。

陵墓は後月輪東山陵《のちのつきのわのひがしのみささぎ》と称されたが、葬儀には将軍の徳川慶喜、京都守護職の松平容保《まつだいらかたもり》らも参列している。明治維新後、神仏分離令もあって、山陵は泉涌寺と完全に分離され、政府が管理するようになったのである。

参考文献

安藤優一郎著『大江戸お寺繁昌記』（平凡社新書）
泉谷康夫著『興福寺』（吉川弘文館）
五木寛之著『蓮如』（岩波新書）
井上禅定著『東慶寺と駆込女』（有隣新書）
今井雅晴著『日本の奇僧・快僧』（講談社現代新書）
入間田宣夫著『藤原秀衡』（ミネルヴァ書房）
宇高良哲著『南光坊天海の研究』（青史出版）
長部日出雄著『「阿修羅像」の真実』（文春新書）
小和田哲男著『豊臣秀次』（ＰＨＰ新書）
蒲池勢至編『民衆宗教史叢書　第三十二巻　太子信仰』（雄山閣出版）
河音能平・福田榮次郎編『延暦寺と中世社会』（法藏館）
神田千里著『一向一揆と石山合戦』（吉川弘文館）

紀野一義著『名僧列伝（三）』（講談社学術文庫）
倉西裕子著『救世観音像　封印の謎』（白水社）
久利康暢著『高野山　癒し』（主婦と生活社）
今東光著『奥州藤原氏の栄光と挫折』（講談社）
榊原史子著『「四天王寺縁起」の研究―聖徳太子の縁起とその周辺』（勉誠出版）
佐々木邦世著『平泉中尊寺　金色堂と経の世界』（吉川弘文館）
笹間良彦著『図説　江戸町奉行所事典』（柏書房）
鈴木由紀子著『大奥の奥』（新潮新書）
多賀宗隼著『栄西』（吉川弘文館人物叢書）
高田良信著『法隆寺の秘話』（小学館）
高田良信著『法隆寺の謎を解く』（小学館）
高田良信著『法隆寺の謎』（小学館）
高橋富雄著『平泉の世紀　藤原清衡』（清水新書）
高宮壇著『沢庵読本』（ＳＳＰ出版）

武澤秀一著『法隆寺の謎を解く』（ちくま新書）
谷口克広著『検証　本能寺の変』（吉川弘文館）
丹野顯著『江戸の色ごと仕置帳』（集英社新書）
中尊寺編『中尊寺御遺体学術調査最終報告書』（中尊寺）
東野治之著『正倉院』（岩波新書）
永原慶二著『源頼朝』（岩波新書）
永原慶二・稲垣泰彦・山口啓二編『中世・近世の国家と社会』（東京大学出版会）
根立研介著『運慶』（ミネルヴァ書房）
藤井学著『本能寺と信長』（思文閣出版）
船岡誠著『沢庵』（中公新書）
松長有慶著『高野山』（岩波新書）
馬淵和雄著『鎌倉大仏の中世史』（新人物往来社）
吉田一彦編『変貌する聖徳太子』（平凡社）
渡辺守順著『比叡山延暦寺　世界文化遺産』（吉川弘文館）

『池上本門寺霊宝殿　特別展　鼠山感應寺―八年で消えた幻の大寺院―』（池上本門寺霊宝殿発行）
『解説　三十三間堂』（三十三間堂本坊妙法院門跡）
『京都市埋蔵文化財研究所発掘調査報告　2009－8　法住寺跡・六波羅政庁跡・方広寺跡』（財団法人　京都市埋蔵文化財研究所　編集・発行）
『興教大師八五〇年御遠忌記念元禄歌舞伎再興　成田分身不動』（大本山成田山新勝寺発行）
『資料図録第2集　成田山新勝寺の絵馬』（成田山史料館発行）
『図録　成田山の霊験』（成田山霊光館発行）
『特別展　没後四〇〇年　木食応其　―秀吉から比叡山を救った僧―』（和歌山県立博物館）
『成田山新勝寺史料集第五巻』（成田山新勝寺発行）
『成田山開基1070年　成田山の開帳』（成田山霊光館編集・発行）
『御寺泉涌寺』（泉涌寺社務所発行）
ほか

著者紹介
河合　敦（かわい　あつし）
歴史作家。多摩大学客員教授。早稲田大学非常勤講師。1965年、東京都町田市生まれ。青山学院大学卒。早稲田大学大学院博士課程単位取得満期退学（日本史専攻）。文教大学附属中学・高等学校教諭などを経て、現在に至る。
旺盛な執筆、講演活動だけでなく、『世界一受けたい授業』などテレビ出演も多数。第17回郷土史研究賞優秀賞（新人物往来社）、第６回ＮＴＴトーク大賞優秀賞を受賞。
著書に『豪商列伝』（ＰＨＰ研究所）、『吉田松陰と久坂玄瑞』『都立中高一貫校10校の真実』（以上、幻冬舎）、『戦争で読み解く日本近現代史』（ＮＨＫ出版）、『早わかり日本史』（日本実業出版）、『「神社」で読み解く日本史の謎』（ＰＨＰ文庫）など多数。

本書は、書き下ろし作品です。

PHP文庫　「お寺」で読み解く日本史の謎

2017年2月15日　第1版第1刷

著　者　河合　敦
発行者　岡　修平
発行所　株式会社PHP研究所
東京本部　〒135-8137　江東区豊洲5-6-52
文庫出版部　☎03-3520-9617（編集）
普及一部　☎03-3520-9630（販売）
京都本部　〒601-8411　京都市南区西九条北ノ内町11

PHP INTERFACE　http://www.php.co.jp/

組　版　株式会社PHPエディターズ・グループ
印刷所
製本所　図書印刷株式会社

ISBN978-4-569-76674-4

PHP文庫好評既刊

「神社」で読み解く日本史の謎

河合 敦 著

出雲の国譲りは史実か？ 平清盛は天皇のご落胤か？ 武家政権誕生は崇徳上皇の祟りか？ 神社から「もうひとつの日本史」が見える！

定価 本体七〇〇円（税別）